Joseph Freiherr von Sperges

Tyrolische Bergwerksgeschichte

Mit alten Urkunden, und einem Anhange, worinn das Bergwerk zu Schwatz beschrieben wird

Joseph Freiherr von Sperges

Tyrolische Bergwerksgeschichte
Mit alten Urkunden, und einem Anhange, worinn das Bergwerk zu Schwatz beschrieben wird

ISBN/EAN: 9783743493001

Hergestellt in Europa, USA, Kanada, Australien, Japan

Cover: Foto ©ninafisch / pixelio.de

Weitere Bücher finden Sie auf **www.hansebooks.com**

Item raciones illorum de Actufo in integrum eis foluantur. Item illi de Actofo non debeant ire alio loco cum ferro, nec per rectum. Garoegum ante fe; & non debeant inuadere aliquod laborerium, nifi -- Caroegum, dum fuerit transactum laborerium Domini Gandi, & fuorum fociorum. Item fi Domini de Actufo emerent vnum Xurfum feu Xincarum a wafono zofum, & uenirent in laborerium alicuius p -- in uoido, illi de laborerio illo debeant concedere illis de actufo, quod poffint uenam fuam & montem foras conducere, & illi de actufo non debeant ibi aliquid de monte dimittere, quod noceat illis, quorum erit illud laborerium, & non debeant eos impedire cum monte, neque cum alia aliqua re, ne ante per rectam uiam ire debeant. Item cum illi de Actufo uenerunt infra cum fuo Carowego, & fuerint tres paffus in integro, debeant fe adiuvare in omni parte, vt poffint cum fuis ferris per uenam, & --- tantum dimittant, quantum ipfi procedant cum caroegio ante fe per rectam viam. Item nullus homo nec debet xengare de cetero fupra carowegum nullum xurfum. Item nullus xurfus feu laborerium a quinque paffibus per latum --- tam ab vna quam alia, uel ante, non debeant xengare feu laborare fupra caroegium. In continenti predicti Gaftaldiones auctoritate predicti domini Epifcopi fuprafcripti, & fua predictum decretum & omnia fuprafcripta per dictos, qui iurauerunt, dicta laudauerunt & confirmauerunt, & fibi placere dixerunt. Item cum confilio illorum, qui iurauerunt talem bannum, penam pofuerunt, quod fi quis ex predictis de Actofo uel aliis laboreriis predicti montis contra hec omnia predicta fecerint, uel uenerint, emendent domino Epifcopo predicto & gaftaldionibus tercentum

libras

libras denariorum, Veronenſium & pena ſev bando ſoluto, poſtea ad uoluntatem domini Epiſcopi eſſe debeant.

V.

Biſchof Friedrichs zu Trient Bergabſchied vom 19. April 1214.

Carta de Poſta montis. Teſtes dominus Bertoldus de Wanga, & dominus Nicolaus de Egna, & dominus Willeminus de Caldonacio, & dominus Petrus de Maluſco cauſidicus, & dominus Wicomarius de Rambaldo, & Odoricus ejus nepos, & dominus Muſo de Doſſo, & dominus Albertus de Seiano, & Waſtenatus, & Rudolfus Rubeus, & Ambroſinus quondam Alberti de Brixia, & Enricus Uberti, & Canellus de Barbaniga, & Concinus de Burgonovo, & Wilhelmus & Adelpretus Plaxar, & Gandulfinus & Ancius filius quondam Luncii de ſancto Petro, & Rodegerius quondam Ati de Burgo, & Acillus quondam Sigardi, & Artunchus de Crotempacho, & Ancius eius frater, & Trentinus de ſancto Benedicto, & Landdolus, & alii. Anno MCCXIV. indictione ſecunda die dominico vndecimo exeunte Aprili in Tridento in palacio Epiſcopatus.

Ibique dominus Federicus Dei gracia Tridentine Eccleſie epiſcopus, & Regalis Aule legatus, atque tocius Ytalie vicarius, per oſculum dominorum Wercorum, qui ibi aderant, & aliorum civium bonorum homi-

hominum de ciuitate Tridenti, talem poſtam & ordinamentum fecit, vt inferius continetur, ſcilicet ſuper Wercos & laboratores Moncium arzenterie Tridentine, & ſuper rotas & furnos ad laborandum arzentum ad rotas, tali modo quod nullus homo vel homines de cetero debeant mutuare denarios alicui homini vel hominibus, pro quibus denariis ipſi homines ſint adſtricti dare & uendere ſuam uenam, & non aliis hominibus vendere poſſint. Et qui contrafecerit, pro unoquoque debeat emendare ipſi domino Epiſcopo decem libras denariorum Veronenſium, & pena ſoluta deinde ſtare &˙ durare debeat. Item talem poſtam dominus Epiſcopus fecit, quod de cetero eſſe debeant quatuor Werki, ſcilicet ſocii affidati ad vnam rotam de arzento, & ˙non plus, & qui fecerint contra, emendare debeant Epiſcopo decem libras denariorum Veronenſium. Item talem poſtam prenominatus dominus Epiſcopus fecit ſuper furnos de rotis de arzenteria Epiſcopatus Tridenti cum conſilio dominorum Wercorum, quod Werci, qui laborant argentum ad rotas, a proximo feſto Natiuitatis Domini noſtri uenture, & deinde in antea non debeant laborare ad vnam rotam, niſi tantum cum vno furno, & non cum duobus furnis: & ſi voluerint laborare cum duobus furnis ad unam rotam, & laborauerint, quod illi Werki, qui laborauerint ad vnam rotam argentum cum duobus furnis, debeant dare & ſoluere fictum ipſi domino Epiſcopo & ſuis ſucceſſoribus pro duobus furnis: propterea qui dixit, non eſſe in vſu rotam habere, niſi tantum vnum furnum pro vnaquaque rota ad laborandum argentum, niſi a paruo tempore in za; & qui Werki laborauerint ad vnam rotam argenti cum duobus furnis, & non ſoluerint fictum per duos furnos, ſoluant,

penam

penam quinquaginta librarum denariorum Veronenfium domino Epifcopo, & pena foluta deinde in ante dicta pofta ftare & durare debeant. Et duo breuia in vno tenore fcripta funt.

Ego Conradinus domini Henrici Romanorum Imperatoris notarius interfui & rogatus fcripfi.

VI.

Kaiſer Friedrichs des zweyten Beſtättigungsbrief der Bergwerksfreyheiten für Biſchof Conraden zu Brixen vom 27. Brachmonats 1214.

Fridericus fecundus Dei gratia Romanorum Rex femper Auguftus, & ficilie Rex. Intelleximus, quod in quibusdam partibus Brixinenfis epifcopatus reperiantur quedam argentifodine, ubi argentum fodi valeat & credatur inveniri. Nos autem de confueta regali benevolencia, attendentes merita Fidei ac probate defenfionis, qua fe dilectus princeps & fidelis nofter Chunradus epifcopus Brixinenfis inclutis noftris progenitoribus gratum reddidit, Concedimus ipfi Chunrado Epifcopo & fucceſſoribus fuis, ut ipfe ad fuam & ecclefie fue vtilitatem in illis argentifodinis argentum fodi faciat, & exquiri fecundum conceffionem ipfi Epifcopo a felicis memorie divi patrui noftri regis Philippi liberalitate factam, quam eciam nos regia confirmamus auctoritate. Damus eciam licenciam & auctoritatem prefato Epifcopo & fuis fucceffori-

cessoribus, ut ipsi ubicunque in Episcopatu suo argentum in visceribus terre valeant reperire, fodiant, ita tamen, ut nos in proventibus, si qui inde proveniunt, secum ad medium debeamus participare. Data Ulme anno Domini MCC. decimo quarto Quinto Kal. Julii.

VII.

Kaisers Friedrich des Zweyten Verleihungsbrief für Bischof Berchtolden zu Brixen auf alle Erzt- und Salzgebirge in seinem Stiftsbezirke vom 29. Christmonats 1218.

Fidericus secundus Dei gratia Romanorum Rex semper Augustus, & Rex Sicilie. Regalis Excellentie decet dignitatem, & per hoc laudis titulus merito sublimatur, cum fidelium, & subjectorum suorum deuocionem attendit, & eorum servicia dignis retribucionibus recompensat. Attendentes igitur tam devota, quam fidelia, que nobis dilectus fidelis Princeps noster, Berchtoldus electus Brixinensis nobis & nostris progenitoribus obsequia exhibere semper curavit, & in posterum de bono in melius poterit exhibere. Volentes ipsius serviciis respondere pro meritis, de innata nobis liberalitatis gracia sibi suisque successoribus in Ecclesia Brixinensi, concedimus, & donamus in perpetuum omnes Argentifodinas, omnesque venas metallorum, & salis, quæ in suo sunt Episcopatu, & de cetero possunt reperiri, cum omnibus

justiiusticiis, & pertinenciis suis possidendas & tenendas. Ad huius autem nostre concessionis memoriam, & perpetuam firmitatem, presentis pagine scriptum, nostri sigilli munimine secimus communiri, statuentes, & sub interminacione gracie nostre precipientes, ne aliqua unquam persona humilis, vel alta, hanc nostre concessionis graciam aliquo modo audeat vel debeat infringere, seu attemptare presumat. Quicunque autem huius nostre concessionis & donacionis statutum, & paginam infringere, vel aliquo tempore attemptare presumpserit, noverit se Majestatis nostre offensam graviter incurrisse. Testes huius rei sunt Fridericus Episcopus Tridentinus, Ludovicus Dux Bawarie, Hermanus Marchio de Baden, Comes Eberhardus de Helffenstein, Comes Egno de Vrach, Henricus & Alpertus Fratres de Niffen, Albero & Berchtoldus Fratres de Vuangen, Anshelmus de Justingen Imperialis Aulæ Marchalcus, Eberhardus Dapifer de Thanne, Dietho Camerarius de Rauenspurg, Falko de Triuueshain. Actum anno Domini Incarnacionis MCC. decimo octavo. Datum aput Nürnberg quarto Kaland. Januar. indictione sexta.

VIII.
König Heinrichs, Grafens zu Tyrol Verleihungsbrief für einige Gewerken auf das Bergwerk im Scharl am Tage Allerheiligen 1317.

Nos Heinricus Dei gracia Bohemie Rex, Dux Karinthie, comes Tyrolis & Goricie, Notum faci-

facimus univerſis preſentibus & futuris, quod diſcretis viris Gebhardo Militi de Gand filio quondam Egnonis de Seus, Alberto Pagano, Wernhero fratri ſuo, filiis quondam Alberti de Porta, Balthaſari de Seus filio quondam Wulfingi de Seuis, Chunrado & Friderico de Plant de villa dicta Zuz, filiis quondam Andree ibidem, contulimus, & commihimus mineram, ſeu Argentifodinam in Valle dicta Scharla ſita in Engedina, cuius fines ſe extendunt a ponte dicto pons Martini uſque ad pontem dictum Pontalt, ad tenendam, excolendam, laborandam, & aſſitandam eandem mineram ſecundum iura, & conſuetudinem, que in mineris huiusmodi obſervatur: Partibus & porcionibus & iuribus nobis debitis integre per omnia nobis ſalvis. Reſervamus etiam nobis poteſtatem adiungendi eisdem perſonas alias ad culturam ipſius minere, quecunque & quotiescunque noſtre placuerit voluntati. Porcionem quoque nos contingentem debent illi perſone, quam ad hoc deputaverimus, ſub pena amiſſionis iurium ſuorum ſine diminucione qualibet aſſignare. Statuimus eciam, & preficimus antedicte minere ad preſens Magiſtros Bartholomeum & Minigonem, quousque plures, ſi neceſſe fuerit, adiungemus. Actum & datum Tyrolis in preſencia fidelium noſtrorum Hildtprandi Perchtingarii, Wernheri de Tablato, H. Spiſerii, Alberti de Camyano, & aliorum teſtium plurimorum. Anno Domini MCCCXVII. in die omnium Sanctorum Indictione XI.

IX.

IX.

Herzog Albrechts des Zweyten zu Oesterreich Bergordnung für die Steyermark, errichtet am Tage der Erhöhung des H. Kreutzes 1336. oder 1346

Wir Albrecht von Gottes Gnaden Herzog zu Oesterreich, zu Steier, und Kernden, Herre zu Chrain, auf der Windisch March, und zu Portenaw, Grav zu Habspurg, vnd Kiburg, Landtgrav in Elsaß, vnd Herre zu Pfirt, veriehen an diesem offen Prief allen den, die nun sint, oder noch kunftig werden, daß wir mit wol bedachtem Mut, vnd vollkomen Rat vnser getrewen Purger, vnd Perkleuten vnsers ersten Perckwerchs dieser vnser erblichen Landt vnd Fürstentum auf der obern Zeiring New Rechten von Anfang bestettet haben, damit der Perg soll gestift sein, also daß die Perg auf der Zeiring vnd alle Perkwerch, die in vnsern Landten ersten erfunden werden, nach dem Rechten des Perkwerchs Zeiring nutzlich sollen gehandelt werden, in selber zu Frumen, vnd vns zu Nutz vnd Firderung. Auch haben wir in selbem Recht ausgenomen etlich Artikl, iedlicher besunder geschriben, darum daß si vor allen Krieg vnd Irrung sicher sein, davon der Perg vnd das Pauen hinterstellig werden möcht, oder in Saumung fallen.

Erstlich setzen und gebieten wir vestiglich bey vnsern Hulden für all vnser Erben und Nachkomen, wo ein Ersts Perkwerch gefunden wird, welcherley das sey, das soll ein Pergrichter auf der obern Zeiring sechs Meil weit und brait von vnsern Markt daselbs verleihen, und von im empfahen, es sey der Grund, wem er will, geistlich oder weltlich, und der, dem der Grund ist, der soll das vierzigst Teil haben, oder nemen.

Wer ein Arz find, der soll es empfahen, als hie geschriben ist, ein Pfund und zwen Schermfang desselben Tags, empfaht er aber den Schermfang desselben Tags nicht, wer in ban empfacht nach Perkwerchs Recht, ein Pau von den andern siben Klafter, das ist sein: empfaeht er in zu nahent, und meldet das nicht in dreyen langen Schichten, das sint zwen Tag, so hat er als Gut recht, als ob er von ihm siben Klafter empfangen hett, für die weil und er es verschwigen hat; meldet er es aber eh, so hat der ander sein Arbeit verloren.

Wo ein plosser Gang gefunden wird an. Tag, was damit ist zwischen zweyen Päuen, das soll man messen jedlichen Teil zu frumen.

Wo auch ein neues Perkwerch gefunden wird in Steierland, als weit das ist, damit soll in allen Dingen gehandlet werden nach unsern ersten Perkwerch auf der obern Zeiring, und den Eltisten daselbs.

Man soll auch das ärz führen, wo man es am allerbesten nutzen mag in den selben unsern Landen, on Maut und alle Irrung. Auch gebieten wir, wo man in unserm Land fürt Bley ab einen Perg auf den andern zu Fiderung, es sey geprents oder frisches, da uns die Fron davon wird, das soll man nicht mauten an keiner statt im Land Steier.

Wir wollen auch, daß man auf den Perg Zeiring und allen Pergen mit andern Pfenning nicht handle, dan mit Grezer Pfenning allein.

Wo zwen Paur miteinander geschiden sint, paut man das ein und das ander nicht, und welches mit seinem

Eisen fürkommt, das soll nehmen auf, und bis datz an der hinzu kommt, und niemand kein Schaden abtrag.

Wo ein Pau wird durchgeschlagen, da Klüft an den Durchschlag sint, da sollen die Hutleut von beyden Päuen Schidleute nemen, die den Perg scheiden nach ihren trewen, sind aber nicht Klüft da, so soll man den Durchschlag vermachen, und soll in bauen, bis sie Recht gewinnen.

Wo der Durchschlag geschiht, da soll der Richter bieten den Grubenmeistern, daß sie den Perg scheiden, teten sie das aber nicht in drey Tagen, so hat der Richter Gwalt, Schidleut zu nemen, die die Pau scheiden nach ihrer Trew.

Wo auch einer newe Pau empfacht, und arbeit er das nicht in dreyen langen Schichten, so hat er sein Recht verloren, ist aber ein Pau, das Stempel, und Joch hat, und nicht Klüft, paut er das nicht in dreyen vierzehen Tagen, er hat sein Recht verloren.

Wo ein Pau ist davon geteilt, und uns Fron geben wird, als Landsfürsten, das Paurecht hat Jar und Tag, daß in niemand frembder empfachen mag.

Wer ein Pau empfacht, davon geteilt ist, der soll ruffen zu dreyen vierzehen Tagen.

Wo ein alter Pau für das Erst Joch paut vier Klafter, und gibt einer sein Samkost nicht in acht Tagen, wer dan die acht Tag verpaut, und das bewärt, als recht ist, vor dem Perkrichter, des ist der Teil.

Auch soll der Fronman in kein Pau gen, es bedurfen die dan sein Grubenmaister, oder sie bitten ihn: er soll auch bereit sein bey Tag und Nacht, wo sie seiner beturffen, er soll auch seiner Fron warten.

Wan man teilen will, so soll man es dem Fronman sagen, wolt er aber die Grubenmaister saumen, so soll man in in drey Stund ruffen auf den Schlif; komt er dan nicht, so soll man teilen.

Wir setzen auch und gebieten durch und bey vnsern Hulden, daß kein Hauptman, Landtschreiber, Verweser, Pfleger, noch Landtrichter, auch kein Dienstman, kein Arzman, keines Rechten jehen, noch begern soll Teil, noch Arz zu geben von Gewalts oder ander Sachen wegen, dann als viel im die Grubenmaister, oder Arztleut von ihren Trewen tun wollen und mit guten Willen.

Wo man auch auf einen newen Perg komt; und neue Päu paut in vnsern Lande, so soll derselbe Perg gehandlet werden nach dem Perg Zeiring.

Wer auf seinen Teil nicht gibt in dreyen langen Schichten, und wer dan auf den selben Teil gepaut hat, der soll das bewären vor dem Richter, des ist der Teil.

Wo auch ein Pau ist, davon geteilt ist, und giebt einer nicht in dreyen vierzehen Tagen, wer dann die Teil der Zeit verpaut, und bewärt vor dem Gericht des Perg, des ist der Teil.

Auch mag man niemand seine Teil, oder Päu, oder Zugehörung des Pergs abgewinnen, dan allein mit Recht des Pergs.

Auch soll man Niemand seine Päu abgewinnen durch wüst, nur durch Gengenstein.

Was

Bergordnung für die Steyermark.

Was auch unter zehen Massen ist, es sey Kibl, oder Sechter, da giebt man nicht Pergrecht von.

Auch soll niemand dem andern, was Perkwerch beriert, welcherley das sey, Arz oder anders, das man scheidt, davon uns geben ist worden, nicht anderst ersuchen, dan mit Recht des Perkwerchs auf der Zeiring.

Wo man auch einer Hütten Bedarf, da soll man Freiung zu haben, an Weg, Steg und Wasser Lait.

Auch wo ein Perkwerch gefunden wird, in unsern Landten in einem Holz, da soll man on alle Irrung Holz nemen, sovil man dazu bedarf, siben Klafter um sich, zu allen vier Orten um den Pau, dan allein zu Kol nicht.

Auch wer auf einen neuen Pau komt, der soll Freiung haben um Gelt Schuld, und andere Feindschafft, doch daß er sich hut vor seinen Feindt.

Es soll sich auch Niemand auf den Perg pfenden, er hab dan auf Teil oder Arz gelihen, auch keinerley Arz oder Schidung verbieten um Spruch oder Schuld den Perkwerch zu Fiderung: es soll allezeit ausgericht werden mit Recht des Pergs.

Auch gebieten wir restiglich bey unsern Hulden, und Vermeidung großer Straf an Leib und an Gut, für uns und unsere Erben und Nachkomen, wer solch unser Satzung und Verschreibung des Perg Zeiring, und ander Pergen in unsern Lande Steier nicht hält und überfur, und anderst dazu handlet, damit der Perg hinterstellig wurd,

wurd, er wer hauptman, Pfleger, Lantrichter, oder ans
der, zu dem es erfunden wurd, der wer vns und vnseren
Erben und Nachkomen verfallen funf Mark Golds on
alle Gnad; wer er aber Purger, Grubenmeister, Dienstman, Arzman, wie oder was Stands er wer, dazu erfunden wurd, soll abgeschiden werden von dem Perg und
von vnsern Anwald und Perkrichter gestraft an Leib und
an Gut. Vnd daß dise Berkrecht stat und unverbrochen
bleiben, des geben wir unsern Purgern und Beampten
auf der Zeiting disen Brief zu einer offen Urkund mit unsern
anhengenden Insigl, der geben ist an des heiligen Creuz
der Erhebung in unser Statt Graz nach Christi Gepurt im
M. CCC. X.X. vi. Jare. (soll seyn 1336, oder 1346.)

Schrei=

Schreiben

an

einen Freund,

Worinn

das Bergwerk zu Schwatz beschrieben wird.

Mein Herr!

Sie haben von mir eine Beschreibung des berühmten Bergwerkes am Falkenstein ausser Schwatz verlanget: und ich bin nun auch im Stande, dieselbe zu liefern, nachdem ich neulich Gelegenheit gehabt habe, dies Bergwerk wieder einmal zu befahren, und über dasselbe meine Beobachtungen zu machen. Sie erwarten von mir keine Beschreibung, von der Art, wie jene des Jacob Balde ist, welcher nach seiner Zurückkunft aus den schwatzerischen Erzgruben dieselben nicht anderst, als wie das unterirrdische Geisterreich mit den stärkesten Farben einer auf das lebhafteste gerührten Einbildung abschildert. Wenn er nicht als ein starker Dichter schriebe, dem es gewiß niemalen an Begeisterung gefehlet hat, sollte man beynahe glauben, es wäre ihm wirklich Ernst, und eine mehr als poetische Entzückung hätte sich seines Geistes, und seiner Sinne bemeistert (*).

Ich werde Ihnen, mein Herr, von den Erztgruben zu Schwatz eine ganz natürliche, und, wenn es mir geräth, bergmännische Beschreibung machen. Ich verlange nichts weniger, als Verwunderung zu erwecken: bey Ihnen würde es ohnedas vergeblich seyn, nachdem sie schon andere Bergwerke gesehen, und selbst befahren haben. Es ist zwar wahr, das Bergwerk zu Schwatz hat in Ansehung der Lage vor andern was vorzügliches,

---

(*) O nos sceleſtos! vidimus Æacum
 Auſi ſilentum lethiferas domos,
Et antra præcluſasque vivis
 Eumenidum latebras ſubire.
Qnis hunc furorem mentibus, heu nefas!
Injecit? umbris plenus adhuc, jubar
Commune ſolis ſeu paveſco,
 Seu fugio. &c.

ches, indem der ganze äußere Bergbau mit allen
Mundlöchern, Halden, und ihren Gestängen,
mit allen Hütten, Kramen, und Tagegebäuden,
deren eines über dem andern von dem Fuße des
Gebirges bis über die Mitte seiner Höhe hinauf-
steht, sich auf einmal, und in einem so vortheil-
haften Gesichtspunkte darstellet, daß es die Se-
hensbegierde nicht nur bey den Liebhabern der Natur, und Bergwerkskunde, die etwa dorten vor-
bey reisen, sehr mächtig reizen, sondern auch bey
denjenigen, die sonst auf dergleichen Gegenstände
am wenigsten aufmerksam sind, rege machen, und
diese leztere so gar entzücken kann. Welche seltsa-
me Vorstellung müssen nicht so viel Mundlöcher
der Stollen, so viel gleich den arabischen Sand-
hügeln davor aufgehäuften Berghalden, die aus-
und einfahrenden Bergleute, ihre Kleidung, die
dünstern Grubenlichter, das Rollen der Trüchen,
das Gebrudel des auslaufenden Wassers, und das
Getümmel in den Puchwerken, Bergschmieden,
und andren Tagegebäuden bey den ungefähr Vor-
beypreisenden machen, die von dem innern Bergbaue keinen Begriff haben! Und möchte nicht man-

cher mit einem Balde auf den Gedanken fallen, als ob er in eine der vulkanischen Inseln, und in die unterirdischen Werkstätte der Cyklopen versetzet worden wäre (*). Lassen wir diese Leute in ihrer Entzückung. Ich habe mit Ihnen zu thun, mein Herr, die als ein der Naturkunde Beflissener, dergleichen Dinge mit ganz andren Augen anzusehen pflegen.

Ich fange also meine Beschreibung an; muß jedoch gleich zum voraus erinnern, daß selbige allein die mechanische Einrichtung, und Kunstgeschichte des schwazerischen Bergbaues zum Gegenstande haben. Wer aber eine vollkommen bergmännische Erdbeschreibung liefern will, muß selbst ein Bergmann, ein in der Phy-

---

(*) Auch Joh. Bisselius hatte einen seltsamen Einfall, als er die tyrolischen Gebirge, absonderlich die Erzgebirge im Innthal das erste Mal zu Gesichte bekam: *In peregrinum nescio quem orbem*, sagt er in der Vorrede der von ihm 1647. übersetzten Historia periculorum Petri de Victoria, *ex assolitis Bojariæ Campis extrusi nos videri poteramus. - - tam peregrina rerum imagine mens tunc oblatam effigiem sibi quandam auriferæ Americæ proponere cœpit.*

Physik, Mineralogie, Metallurgie, Markscheidekunst, und Mechanik gründlich beschlagener Bergmann seyn. Sie aber wissen am besten, wie wenig ich zur Zahl der Bergleute gehöre. Ich werde also nur das jenige bemerken, was ich in dem Bergwerke wahrgenommen; weil wir doch sonst niemand haben, der uns eine eigentliche Beschreibung davon gemacht hätte.

Das Bergwerk hat seine Haupteinfahrt eine kleine halbe Stunde außer Schwatz im Unterinnthal an der gemeinen Landstraße von Insbruck nach Salzburg. Ich habe diesmal aus Gefälligkeit für einen Freund, der selbiges noch niemalen gesehen hatte, die kleine Reise von Inspruck eigens dahin gemacht. Um so mehr wünschte ich, daß die ohnedas Vorbeyreisenden, wenn sie doch eine Belustigung in der Naturkunde finden, eine so nahe und bequeme Gelegenheit sich zu Nutze machten, wobey sie das Mineralreich ohne sonderbare Bemühung, und gleichsam in einem Lustgange besuchen, ja in dessen innerstes Kabinet einbringen, und die Erzte noch in dem Schooße der

Natur, mit Vergnügen sehen könnten. Der Weg dahin ist über einen fruchtbaren Getraidboden, am Fuße des Erzgebirges ganz eben, und in einem weiten angenehmen Thale.

Nach unserer Ankunft bey dem sogenannten Fürstenbaue wurden wir in ein hölzernes Gebäude geführet, und auf bergmännisch gekleidet. Meinem Gefährte kam es frembe vor, als er gleich mir einen Grubenküttel von weisser Leinwat mit gleichen Beinkleidern anziehen mußte: eine Gattung Berghüte von grauem Filze ohne Flügel, oder Aufstulpe auf dem Haupte, und das Arschleder um die Lenden, verwandelte uns vollkommen in Bergmänner: man gab uns noch darzu das Fahrtroß, das ist, einen kruckenförmigen Bergstab in die Hand, welcher, so unnütze er auch anfänglich wegen seiner Kürze scheinen mag, gleichwohl in den niedrigen Stollen sehr gute Dienste thut. Die Bergtracht in Tyrol hat seit ungefähr hundert Jahren sich sehr verändert. Sie bestund vormals in einem langen Küttel von weißem Tuche, welcher vornher aufgeschürzet wurde, mit einer daran hangenden spitzigen Kappe, wie unsre

Kapuziner tragen, die man über das Haupt zog. Es sind von diesen langen Grubekutten noch etliche vorhanden, um das Frauenzimmer damit zu bedienen, wann es diese unterirdische Lustreise mitmachen, und sich nicht männlich kleiden will. Wir waren nun also zur Einfahrt geschickt.

Mein Freund stutzte anfänglich über diese Art zu fahren, die man zu Fuß verrichten muß: er verlangte aber auch nicht, sich in einen der kleinen niedrigen Karren zu setzen, die auf vier Scheiben ganz sicher fortlaufen, und von zween Knappen geschleifet werden.

Ueber dem Mundloche stehet das Bildniß des H. Daniels, welcher vermuthlich deßwegen, weil er den Traum des Königs Nabuchodonosor von einem aus Gold, Silber, Erzt, und Eisen zusammengesetzten Bildniße, durch den Beystand des göttlichen Geistes auszulegen gewußt, sich den Verdienst erworben hat, daß er von den sämmtlichen Erztknappen in Tyrol für ihren Schutzheiligen gehalten, und als solcher vorzüglich verehret wird.

wird. Man sieht desselben Bildniß fast aller Orten in einer seltsamen Kleidung, mit einem Fürstenhute auf dem Haupte, und mit Schlägel, und Eisen in der Hand; ein fremder wird wohl schwerlich den Prophet Daniel in dieser Tracht erkennen. Wir verrichteten vor dem Mundloche des Stollens ein kurzes Gebet, wie auch alle Bergleute, so oft sie ihre Schicht anfahren, zu thun pflegen. Der Hutmann vom Fürstenbau führte uns nebst zweenen Bergknappen, jeder mit seinem Grubenlichte in der Hand: und also fuhren wir, Mann für Mann, in den Berg ein. Gebühret der Natur Verehrung aller Orten, so kann sie solche hier um so billiger von demjenigen fodern, der in ihr geheimstes Gemach eintritt: Ehrfurcht, und Aufmerksamkeit begleiten ihn: sie nehmen zu, je tiefer er hineinfährt. Dort und da sind die Stollen sehr niedrig, und nöthigen auch den stolzesten, sich zu demüthigen: auch große Herren nehmen hier von dem geringsten Bergmanne gar gerne die Anweisung zu ihrem Verhalte an, und es ist gefährlich von derselben im geringsten abzuweichen. Der Stollen führet gerade zum Schachte, wo die

Was-

Wasserkunst steht, welche vor andern verdienet gesehen zu werden; denn, da in den übrigen meisten Bergwerken dergleichen Maschinen am Tage gebauet sind; findet man dieselbe hingegen hier mitten im Berge, und muß daher die Kunst, je schwerer es gewesen ist, selbige anzubringen, desto mehr bewundern.

Der Stollen lauft bis dahin ebensöhlig (waagerecht) bey zwey tausend Klafter, durch das Vorgebirge: er ist gutentheils mit Steinen ausgemauret, und der First, oder Bogen mit Brettern gefüttert, damit die Tropfen des dort, und da durchschlagenden Tagewassers zur Seite ablaufen. Das Verzimmern der Stollen geschieht mit Joch, und Stämpel: also werden die zu beyden Seiten aufgesetzten Holzpfeiler genannt, deren je zween und zween, wo die Last des aufliegenden Gebirges gleich drücket, obenher mit einem Sperlinge, oder Kappe verbunden sind, worauf das Joch ruhet: wo aber der Stollen in das Felsengebirge lauft, hat es weder das eine, noch das andere nöthig: die Wände sowohl als das Holzwerk sind an einigen Orten mit Wetterzotten gleich einer

ner Haut überzogen. Diese setzen sich gerne, und sehr häufig daselbst an: sehen einer schneeweisen pelzigten Materie, wie Baumwolle, gleich, und entstehen aus der feuchten Luft. Durch den Stollen hat das Wasser, so theils aus dem Schachte gehoben, theils zur Treibung der Kuhstmaschinen vom Tage hineingeleitet wird, seinen Auslauf: es geht eine gedoppelte Stangfahrt darüber, die aus vier gleich schmahlen, und einen Daum weit voneinander gelegten Latten, oder langen Hölzern besteht, auf denen nicht gar zum besten zu fahren ist.

Werden Sie, mein Herr, nicht böse, daß ich in diese meine Beschreibung so viel Bergwörter einmenge, welche nicht jedermann verständlich sind. Es ist ihr Gebrauch, gleichwie überhaupt zur Bergwissenschaft, also auch in dergleichen Bergwerksbeschreibungen, nothwendig: ich werde mich demnach derselben, in so weit sie mir geläufig sind, fortan bedienen, und zugleich sie dergestalt anbringen, daß der Zusammenhang, und die übrigen Umstände ihre Bedeutung anzeigen, und mit dieser

ser auch einen hinlänglichen Begriff von der Bergbauart geben mögen. Ich erspare damit die verdrüßlichen Umschreibungen, und eine gewisse Weitläufigkeit, von welcher die Bergsprache ohnedaß entfernet ist. Bey mancher Redensart, die Ihnen vielleicht fremd vorkommen wird, dürfen Sie, mein Herr, sich die Mühe nicht nehmen, deswegen in einem Berglexicon nachzuschlagen: sie werden nicht alle in Tyrol üblichen Bergwörter darinn finden, und man muß dieselben alleine durch den Umgang mit den Bergleuten im Lande erlernen: der Hutmann, der uns führte, ließ sich durch unser vielfältiges Fragen nicht ermüden: er antwortete auf alles mit Bescheidenheit, und unterhielt uns währender Fahrt mit einem angenehmen Berggespräche.

Wir fuhren also ganz gemächlich über sechshundert Klaftern bis zu dem Richtschachte hin; wo sich ein so geräumiger Füllort öffnet, daß man sich freyer umsehen, und gleichsam leichter athmen kann.

Es sind zween Schachte: der erste ist der Richt- oder Fördernißschacht, und dienet, wie sie wissen, dazu, daß man den Gängen, welche in die Teufe setzen, nachbauen, und die darunten gewonnenen Erzte herauf fördern könne. Das Grubenwasser, welches dem Schachte durch verborgene Adern, und Risse zufällt, würde diesen Bergbau in der Teufe verhindern, wenn nicht auf der Seite noch ein anderer wäre, der Wasserschacht genannt, durch welchen das aufgehende Grubenwasser gehoben wird. Es giebt verschiedene Kunstmaschinen dasselbe mit Vortheile zu gewältigen: zu Schwatz, gleichwie in den übrigen tyrolischen Bergwerken, geschieht es mittelst eines Pumpwerkes. Wie es damit zugehe, ist ihnen mein Herr, ohnedas bekannt, und aus den Gründen der Hydraulik jedermann gar wohl begreiflich. Es ist für sich ganz natürlich, daß, wenn das Wasser obenher aus einer Röhre heraus gezogen wird, die Luft durch die untere Oefnung gewaltig nachbringt, und mit sich auch das Wasser in die Höhe steigen machet: Ich weiß wohl, daß dergleichen Wasserdruck- oder Pumpwerke an sich ganz gemein, und im kleinen überall zu finden sind. Ich mache gleichwohl von dem schwatzerischen eine umständliche Beschreibung, weil Sie, mein Freund, es verlangen, und weil man außer Tyrol schwerlich ein größeres, und stärkeres finden wird. Es besteht aus vielen Sätzen, deren einer auf dem andern, der unterste aber über dem Wassersumpfe selbst steht: sie sind im übrigen alle gleich: jeder hat seine besondere Saugröhre, und an dem Stiefel eine eigene Luftlappe (Ventil) von Pfundleder, welche ihn öffnet, und schließt: darüber steht die Auffatzröhre mit ihrer Pumpenstange: diese hat zu unterst einen eisernen, vielmal durchbohrten Kolben, der anstatt des sonst gewöhnlichen Ventilthürleins mit einer Scheibe von starkem Leder versehen ist, und, wie man glaubet, besser, als jenes schließt: ihre Erfindung ist nicht alt; vielleicht aber hat man dabey nicht erwogen, oder man findt es vielmehr, wo starke Pumpenwerke, wie hier sind, keiner Aufmerksamkeit würdig, daß, wo das Wasser nicht durch eine grosse Oeffnung allein, wie bey dem Thürlein, sondern durch mehr kleine Löcher einlaufen muß, es mehr Hinderniß, und gleichsam einigen Widerstand findet. Sie wissen, mein Freund, vorher, daß die Beschäftigung des Ventils in dem Stiefel ist, das

Grubenwasser, wenn es der durch den Pumpenzug oben ausgetriebenen Luft nachsteiget, einzulassen, und sobald die Pumpenstange durch ihr Hinabsteigen das mittlerweile eingelaufene Wasser durch ihre Luftlappe durchdrücket, sich wieder zu schliessen, und demselben das Ruckfliessen zu verwehren. Der viellöchrigte Kolben machet, daß die Pumpenstange durch das Wasser leicht hinabsteiget: so bald sie aber wieder zurück hinauf will, wird die Scheibe des Kolbens von der Schwere des aufliegenden Wassers niedergedrücket, so, daß dieses nicht mehr unten zurück laufen kann, sondern mitaufgezogen wird: das Ventil hingegen krieget wieder Luft, sich zu öffnen, und durch die Saugröhre Wasser von neuem in den Stiefel einzulassen. Dieses ist gemein, und ich würde mich dabey nicht aufgehalten haben, wenn es nicht geschehen wäre, um ihrem Verlangen, mein Herr, genug zu thun. Es ist nun aber mehr als genug: allein der Hauptumstand ist dieser, daß der Schacht am Rörerbühel dreyhundert Klaftern, und der zu Schwatz hundert zwanzig in der Teufe haben: da gehören gewiß mehr, als eine Pumpenstange dazu. Ich

blei=

bleibe bey dem letztern. Das Druckwerk besteht daselbst dermalen aus eilf besonderen Sätzen, einer gerade über dem andern, um das Grubenwasser in einem Zuge aus dem Sumpfe zu heben. Jeder Satz hat vier Röhren mit ihren an dem Hauptgestänge eingehenkten Pumpenstangen nebeneinander, welche wechselweise spielen, das ist, wenn ihrer zwo Wasser schöpfen, geben die andern zwo das ihrige von sich. Der Ausguß geschieht in einen Kahr (Trog) worein die Saugröhre von dem obern Satze sich senket, daß solcher Gestalt ein Satz dem andern das Wasser reichet, bis es zu seinem Ausflusse gebracht wird. Alle Pumpenstangen spielen zugleich, weil sie sämmtlich von dem Hauptgestänge regieret werden.

Das Hauptgestänge hängt an dem grossen Waagkreuze, und besteht auf jeder Seite aus einer Schachtstange; diese aber aus mehr andern, die so gerade fort, als wäre es nur eine, aneinander gestücket sind: daran werden die Pumpenstangen von jedem Absatze, zwo und zwo neben einander eingehenket. Wann nun die eine Schachtstange aufgehoben wird, müssen alle, die daran

han-

hangen, mitaufsteigen; da indessen die andere zu gleicher Zeit vermög des Waagkreuzes alle die ihrigen mit sich hinabdrücket. Die Beschreibung, ich bekenne es, ist sehr weitläuftig, vielleicht auch dennoch nicht zu genau, weder recht kunstmäßig. Ich werde mich aber hüten, Sie, mein Herr, um Vergebung zu bitten, daß ich Sie so lange damit aufhalte. Ihr freundschaftlicher Auftrag entschuldiget mich, wenn Sie auch schon ohne diese langweilige Beschreibung die ganze Einrichtung des Wasserhebungswerkes, und wie sich selbiges in einer unaufhörlichen Bewegung erhält, vorher gewußt haben. Eben so leicht werden Sie sich selbst leicht vorstellen, daß eine so ungeheure Maschine von nichts anderm, als von dem Wasser gewältiget werden kann. Vor wenig Jahren geschah noch alles durch ein einziges Wasserrad, außer, daß man eine von den Hauptstangen an dem Gapelrade, wann dieses bey dem Förderungsschachte nichts zu arbeiten hatte, einhenkete, und dasselbe mittelst eines Winkelarmes, und der Waage mit ihren Feldstangen, auch bey dem Wasserschachte mitspielen ließ: welches zu Schwatz insgemeine die kleine Wasserkunst genannt wurde, und sonst ein Geschleppe heißt. Weil aber dadurch der Gapel zu sehr geschwächet, und hingegen, je tiefer man den Schacht absenkte, desto stärkerer Druck, und Zug zur Hebung des Grubenwassers erfordert wurde, hat man ein neues Wasserrad nicht weit von dem andern angelegt. Dasselbe hat zwey und dreyßig Schuh im Durchschnitte, und also zween mehr, als das alte: es steht auch höher, damit das Aufschlagwasser, so vier Stunden weit vom Tage in den Berg hineingeführet werden muß, ganz leicht von einem Rade zum andern wieder ablaufen, und sodann erst auf das Kehr= oder Gapelrad geleitet werden könne. Wann nun an dem Wasserrade der Werbel (Krumzapfen) welcher wie ein Haspelhorn, von Eisen gegossen, und vier Centner schwer ist, mit der Radwelle umlauft, zieht er beyde Korbstangen, und mittelst dieser das gedoppelte Feldgestänge wechselweise an sich, und stößt es eben so wieder hindann. Die Feldstangen sind in einer waagrechten Lage, und an das grosse Waagkreuz, welches auf der Hängbanke gerade über dem Wasserschachte stehet,

ein=

eingehenket. Kömmt selbiges mittelst des Feldgestänges in seine abwechslende Bewegung, so wird nach solcher das seigerrecht daran hangende Hauptgestänge iezt auf der einen Seite gehoben, iezt auf der andern nieder gedrücket. Der Wasserschacht ist von dem ältern Kunstrade etwas entfernet: es hat deswegen das Feldgestänge gebrochen, und mit Winkelarmen versehen werden müssen. Hauptsächlich ist von den Kunstwartern dahin zu sehen, daß alles in einer waagrechten Gleichheit erhalten werde.

Sie werden nun fragen, warum die Kunsträder nicht näher am Schachte, oder mit demselben in einer geradern Linie stehen? Es könnte dadurch die Weitläuftigkeit eines so langen, und gebrochenen Feldgestänges mit so vielen Kreuzen, Schwing- und Winkelarmen, wodurch das Werk nicht nur an der Kraft, sondern auch an dem Wasserhube selbst verlieret, vermieden, und die Friction oder das Reiben, welches dabey nothwendig groß seyn muß, vermindert werden. Sie haben recht, wenn Sie sich darüber verwundern. Es ist zwar der Wasserkunstzeug nach dem Maße

an einen Freund. 305

seiner ungeheuer grossen Räder so stark, daß es nicht nur von langer Dauer, sondern auch, weil genug Wassergefälle, sie zu treiben, vorhanden, vermözend ist, so viel Holz, und Eisenwerk mit seiner Last hin und her zu gewältigen und ziemlich leicht zu spielen. Allein nach den Grundsätzen der Mechanik davon zu urtheilen, würde es allemal ein Fehler seyn, wenn man an dem Kunst- und Feldgestänge was überflüßiges fände: durch die Größe, und Gewalt wird die Reibung nur heftiger, und diese ist bey Maschinen allezeit verderblich. Ich habe um die Ursache dieser Entfernung der Kunsträder vom Schachte, zu fragen vergessen: es wird aber wohl diese die natürlichste, und welche allen Einwurf ablehnet, seyn, daß man in der Nähe beym Schachte kein steinfestes Gebirge gefunden, wo sich eine Radstube, ohne sie mit grossen Kosten auszuzimmern, hätte anlegen lassen.

Ueberhaupt läßt sich gegen diese und alle dergleichen Radkünste einwenden, daß, seitdem andre Wasserhebungsmaschinen, wie zum Beyspiele die englische Feuermaschine, die alte, und neue hölliſche in Ungarn, und dergleichen erfunden worden, dieſe jenen weit vorzuziehen ſeyn. Die Urſache iſt offenbar; bey dem beſtändigen Umlaufe, und Reiben eines groſſen Rades, iſt die Friction unvermeidlich, ja ſo ſtark, daß man der allzuheftigen Erhitzung mit ſteter Benetzung vorkommen muß. Iſt noch dabey das Feldgeſtäng ſchwer, ſo gehet viel Holz, Eiſenwerk, und Schmier darauf: ein großes Holzgerüſte verbauet die Grube zu ſehr, und erfordert eine beſtändige Ausbeſſerung, welche den Unterhalt der Maſchine zu koſtbar machet: auf der andern Seite kann dabey nicht das ganze Aufſchlagwaſſer genutzet werden; indem deſſen Fall nur auf wenige Schaufeln, und nicht ſo genau ſich anbringen läßt, daß nicht ein Theil davon unwirkſam, und ſeitwärts ablaufe: dadurch entgeht der Kraft ſehr viel. Allein die Wirtſchaft mit dem Aufſchlagwaſſer wird in Bergwerken, wo hieran, wie in den tyroliſchen, gar kein Mangel iſt, nicht ſonderlich geachtet. Und ſo viel es die übrigen Einwendungen gegen die bisher gebräuchlichen Druckwerke mit Rädern, und Feldgeſtängen betrifft, iſt zu erwegen, daß der Schacht zu Schwatz

ſchon

schon über hundert zwanzig Klaftern, von jenem am Rörerbühel gar nichts zu melden, abgebauet und folglich so tief ist, daß sein Grundwasser nicht mit jeder der neuerfundenen Maschinen, wenn ihrer nicht mehr, eine über der andren, angebracht würden, gefördert werden könnten.

Nachdem ich die ungarischen Maschinen vorher zum Beyspiel angeführet habe, werden Sie, mein Herr, vermuthlich ein Verlangen tragen, eine kurze Nachricht davon zu erhalten. Da ich dieselben nicht selbst gesehen, soll Ihnen diejenige davon zu Theile werden, die ich aus der Erzehlung eines Freundes überkommen habe. Es ist kein Bergwerk, welches zur Förderung des Wassers so viel, und so verschiedene Künste von alter, und neuer Erfindung hat, wie das zu Schemnitz in Ungarn. Man findet daselbst alle Arten von Rad- und Feldgestängkünsten: desgleichen die schon genugsam bekannte Feuermaschine, von deren Erfindung die Ehre zwar den Engländern gebühret, deren Gebrauch aber in den ungarischen Bergwerken, man dem weiland kaiserlichen Hofbaumeister Emanuel Fischer von Erlach zu danken hat. Von dieser letztern werde ich ihnen bey Gelegenheit ein Modell zeigen, das ich selbst habe: es ist klein, aber doch gangbar. Erst vor kurzer Zeit sind zu Schemnitz zwo andere Wasserförderungsmaschinen erfunden, und eingeführt worden. Man nennt sie nach dem Namen ihrer Erfinder, insgemein die höllischen Maschinen. Sie sind von zweyerley Art: die erste, welche Cornelius Hell, oder Höll zuerst, jedoch unvollkommen angegeben; dessen Sohn aber, Herr Joseph Carl ein Bruder des berühmten kaiserl. königl. Astronomus zu Wien P. Maximilian Hell, zu mehrerer Vollkommenheit, und im J. 1751. völlig zu Stande gebracht, hat zwar, so viel es die wesentlichen Haupttheile betrifft, mit der Fischerischen Feuermaschine viel, ja das meiste gemein: unterscheidet sich aber vornehmlich in dem, daß sie allein von der drückenden Säule des in eisernen Röhren einfallenden Tagewassers, ihre ganze Bewegung, Umlauf, und Wirkung erhält; indem das Tagewasser in den daneben aufstehenden metallenen hohlen Cylinder untenher einlauft, und seinen Druck auf den darinn beweglichen Kolben unmittelbar

aus-

ausübet; denselben, und mit ihm die Pumpenstangen in die Höhe hebt, und sobald es nach Oeffnung seiner Pippe ausgeflossen ist, mit Hülfe des Seitengewichtes wieder hinabsinken läßt. Die zweyte Maschine ist noch besser gerathen, und eigentlich eine Machina hydraulico-pnevmatica, weil die darinn zusammengedrückte Luft zur Hebung des Wassers das ihrige beytragen muß: dieses geschieht auf die nachfolgende Weise. Zween grosse geschlossene Kessel oder Wasserhälter von Metall stehen einer über dem andern: in dem obern wird die Luft durch das in Röhren einfallende Tagewasser zusammen gedrungen, und drücket hinwieder durch zwo besondere Lustrohren auf das in dem untern eingelassene Grubenwasser, mit solcher Gewalt, daß das letztere durch die Ausflußröhre sechzehen Klaftern hoch bis in den Erbstollen hinaufgetrieben, und in einem Hube fünf und zwanzig Eimer Wasser gehoben werden. Diese schöne Maschine befindet sich in dem Amalienschachte, sie ist von der Erfindung des vorgerühmten kaiserl. königl. Kunstmeisters Herrn Jos. Karl Höll, und kam erst im J. 1755. in gangbarn Stand.

Aus diesem kurzen Entwurfe erkennen Sie, mein Freund, selbst wohl, daß eine solche Wassermaschine die einfachste, und ohne alle Friction ist; wenn man die jenige allein ausnimmt, welche die Seitenwände der Röhre von dem einfallenden Wasser leiden, die aber in der That für keine zu achten ist. Sie wäre auch die vollkommenste, wenn sie nicht den einzigen Mängel hätte, daß die Luft- und Wasserpippen derzeit noch durch Menschenhände geöffnet, und geschlossen werden müssen. Es könnte zwar dieses mit der Hülfe des Wassers geschehen, und würde es an der Erfindung einer Nebenmaschine nicht fehlen, der mit auch in Ermanglung genugsamen Tagewassers, als womit man sehr gesparsam umgehen, ja aus dieser Ursache wohl gar die Hauptmaschine selbst öfters stehen bleiben muß; das oben ausfliessende Hub- oder Grubenwasser zu Hülfe genommen, und die Pippen, ungeachtet sie sehr verschiedentlich dabey angebracht sind, damit gleichwohl gewältiget werden könnten. Man sagt mir aber, daß die Lage, und Beschaffenheit des Orts solchen Vorschlag, wo nicht unmöglich, doch sehr schwer mache. Wir

an einen Freund.

Wir kehren wieder nach Tyrol, und in das Bergwerk zu Schwatz zurück. In demselben ist eine so genau ausgemessene Wirtschaft mit dem Tagewasser, wie ich bereits erinnert habe, nicht nothwendig: man hat sich deshalben auch bisher die Mühe nicht gegeben, neue Wasserhebungsmaschinen zu erfinden, oder anzunehmen: es wird also wohl jederzeit bey dem schon beschriebenen Pumpenwerke sein gutes Verbleiben haben; zumalen, da selbiges auch eine so starke Kraft hat, daß durch einen Hub, deren 7 bis 8 in einer Minute geschehen, 32 Maaß Wasser, welches nicht viel weniger, als ein Eimer ist, gehoben, und zum Ausflusse auf den Erbstollen gebracht werden. Dieses Grubenwasser bekömmt hernach in den Tagegebäuden seine Arbeit: es muß zum Erztwaschen dienen, und das große Puchwerk treiben. Eine nicht minder gute Wirtschaft wird überhaupt mit dem Tagewasser gehalten: man leitet dieselben über das Gebirge herab von einer Schmiede oder Pucher zum andern, daß es endlich ganz trüb, und gleichsam matt aussieht, und eine weisse Farbe gewinnet.

Der Wasser- oder Kunstschacht hat auf der Seite hinab seine eigene Handfahrt auf Leitern von einem Absatze zum andern, damit man der Wasserkunst zu Hülfe kommen möge. Wir sind auf diesen Leitern bis zu dem Sumpfe, das macht hundert zwanzig Klaftern, hinabgefahren. Meinem Reisegesellen fiel diese Handfahrt, weil er ihrer nicht gewohnet war, beschwerlich: zum Glücke hat der Bergofficier, der uns begleitete, uns erinneret, daß wir zurück hinauf durch den trockenen, oder Förderungsschacht in der Tonne fahren konnten. Wir folgten seinem Rathe: er war in der That gut, und ersparte uns nicht wenig Mühe. Sie werden es mir leicht glauben, wenn sie auch gleich der Meynung sind, daß eine Leiter, worüber man sich mit beyden Händen forthelfen, und dem Leibe einen Schwung von einer Stuffe zur andern geben kann, sicherer, und auch im Steigen weniger beschwerlich, als eine gähe Treppe sey. Ich muß Ihnen nun auch den vorjenannten Fördernißschacht ordentlich von oben herab beschreiben.

Er

Er ist mit Zimmerwerke für das Eingehn wohl versicheret, und hat seinen Namen daher, weil sowohl Gänge, als Berg (unter dem ersten versteht man alles, was einen metallischen Gehalt hat; das andre ist taubes Gesteine, oder Erde) aus den tief gelegenen Zechen mittelst eines Gapels in Tonnen herauf, und folglich in Trühen zu Tage ausgefördert wird. Der Gapel wird hier nicht mehr, wie vor ein paar hundert Jahren, durch zween Gapelknechte, oder wie anderer Orten noch gebräuchlich ist, von Pferden, sondern durch ein Wasserrad getrieben: es ist dasselbe, weil die zwo Tonnen wechselweise auf- und abgehen, ein Kehrrad, mit doppelten Schaufeln und zwo Schußrinnen zum Hin- und Rückkehren des Aufschlagwassers aus dem Wasserkasten, versehen, damit man das Rad bald rechts, bald links umlaufen lassen könne. Desselben Durchmesser hat neun und zwanzig Schuh: sein krummer Zapfen, oder Schwerm ist gleichmäßig doppelt, und zwölf Centner schwer: mit diesem bewegen sich die zwo Korbstangen, von welchen die zween stehenden Winkelarme mit ihren dazwischen eingelegten Feldstangen, und Schwingarmen in Bewegung gebracht, und folglich die Korbwelle selbst mittelst ihres eigenen krummen Zapfens umgetrieben wird: die eine erhält ihre Bewegung durch den dritten Winkelarm unmittelbar; die hintere aber mittelst einer aufrechtstehenden Waage. Vor diesem mußte das Gapelrad, wie ich schon vorher angemerket habe, zur Schichtzeit, auch die Wasserkunst treiben helfen: seitdem aber diese mit einem zweyten eigenen Wasserrade verstärket worden, mag sie jenes nun wohl entbehren.

Um die Korbwelle windet sich ein langes Seil, und an dessen beyden Enden hangen zwo kupferne Tonnen; von welchen die leere hinab, die volle aber zu gleicher Zeit bis zur Stürze heraufsteigt. Das Gapelrad hat neben sich an dem nemlichen Wellbaume ein anders, welches das Premsrad genannt wird, und nur achtzehen Schuh hoch ist: es dienet zum Einhalten des grossen Rades, und solches kann ohne Mühe durch die Beklemmung des kleinern mittelst der Premse, von einem einzigen Manne, in einem Augenblicke geschehen. Er darf nur den bis zu seinem Standorte reichenden Premsbaum mit dem hintern Leibe niederdrücken,

cken, und zugleich mit der einen Wasserstange das Aufschlagwasser von dem Gaßelrade abkehren: und eben so leicht kann derselbe dem Gapel wieder seinen Gegenlauf geben. Ich weiß nicht, ob ich recht daran bin, wenn ich denke, daß all dieses noch leichter, und ohne ein besondres Premsrad, durch die unmittelbare Premsung des Gapelrades selbst geschehen könnte; weil zur Einstellung eines laufenden Rades die Gegengewalt, je näher sie an dem Wellbaume, desto unvermögender, und hingegen um so kräftiger ist, wenn sie auf den äussersten Umkreis des Rades angebracht wird. Es ist eben nicht nöthig, ein Bergmann zu seyn, um dergleichen Anmerkungen, die aus der Trigonometrie, und Mechanik entlehnet werden, zu machen. Ich gab meinen Zweifel unserm Führer auf: er irendete dagegen ein, daß das Gapelrad durch seine unmittelbare Premsung geschwächet werden würde. Gut: wie kömmt es aber, daß man in Ungarn die Premsräder, als überflüßig, abgeschaffet hat?

Der Premsknecht ist in einer besonderen Hütte verschlossen, damit er nicht irre gemacht werde; und

und beobachtet unaufhörlich seine Uhr, welche in zwölf Stunden, deren eine ungefähr nur auf zwo gemeine Minuten geht, eingetheilet, und in das Gapelwerk selbst eingehenket ist; so daß allein von dessen Bewegung ihr Zeiger regieret wird. Da nun jeder Füllort, oder Ausbruch des Schachtes seine gewiße Stunde hat, die auf ihn deutet, kann der Premsknecht an dem Umlaufe des Uhrzeigers unfehlbar sehen, wie weit die hinab- oder heraufsteigende Tonne von ihrem bestimmten Füllorte noch entfernet ist. Steht der Zeiger auf der Stunde, welche dahin zutrifft, so stellet er alsogleich das ganze Gapelwerk ein: nur wann die Tonne gefüllet, oder aber umgestürzet ist, und folglich wieder zurück soll, wird ihm von dem Gapelhutmann mit einer kleinen Glocke, wovon die Schnur in den Schacht hinabhängt, ein Zeichen gegeben, damit er das Rad wieder laufen lasse.

Als ich das erstemal dieses Bergwerk besah, und auch den Schacht befahren wollte, fanden die Bergleute für gut, mir durch die vorgängige Zeigung seiner entsetzlichen Teufe die Gefahr vorzu-

stel-

stellen, und ließen in dieser Absicht einen brennenden Rollen Flachs hinunter fallen: aber vergebens: ich ward darüberhin nur begieriger, dieses innerste Kabinet der Natur näher zu sehen. Einer meiner Freunde, der daſſelbemal mit mir gewesen, hatte ein gleiches Verlangen. Man erinnerte uns, vorher ein kurzes Gebet nach Berggebrauche um eine glückliche Fahrt zu sprechen: wir thaten es, und setzten uns darauf in die Tonne: unser Hutmann begleitete uns, und nahm seinen Stand über uns auf dem Rande der Tonne: er hatte das Berglicht in der rechten Hand, und hielt sich mit der linken an das Schachtseil. Wir fuhren ganz gemächlich in den Schacht hinunter. Derselbe ist nicht seigerrecht, das ist perpendicular, sondern er streicht in einer schiefen Linie etwas donlege, damit die Tonne mit ihrem Rücken an der Lehnseite des Schachtes unabweichlich aufliege, und daher weder schleudern, noch sich umdrehen könne. Es ist nächst dabey auch eine Hand=oder Mannsfahrt, worüber man auf Leitern, gleichwie in den Kunstschacht, hinab fährt. Die Absätze, wo die Läufe an dem Schachte auslaufen,

fen, und die Bergknappen bey Anfahrung ihrer Schicht, aus der Tonne austreten, werden, wie vorgedacht, Ausbrüche, und Füllörter genannt: jeder hat einen Füllkasten mit seinem Stande für die zween Anschläger, welche die Tonne füllen. Dieser Füllörter sind vormals mehr gewesen, ehvor der Schacht von den Alten aus Furcht des immer mehr aufsteigenden Grubewassers verlassen, und mit dahin verstürztem Berge eingefüllet worden: jezt hat man seit dessen Wiedereröffnung und Ausräumung, nachdem man im Nachbauen schon über hundert Klaftern abgesunken ist, ihrer bereits sieben erreichet: welche ihrer Ordnung nach sind das Lippel-Rainl, zum Sagstecher, der Kalte Brunn, der Raberstollen, die alte Klause, der Neubau, und beym Grandl, nach welchem das Wasser folget. Wir hielten uns bey dem Schachte alleine nicht auf, sondern verlangten auch die Zechen zu sehen, wo die Bergknappen ihre Schicht, doch nur von der Morgenstunde bis Mittag machen. Die Zufahrt ist sehr enge und niedrig: bey einigen mußten wir beynahe auf dem Bauche kriechend, kümmerlich aus- und ein-

an einen Freund.

einschlupfen, oder welches mehr bergmännisch ist, auf dem Arschleder sitzend harfen. Wir fanden die Gesellen bey ihrer Arbeit, und rufeten ihnen den hier gewöhnlichen Berggruß zu: Gott gebe euch gut Glück, und Seegen. Sie danketen uns mit freundlicher Darbietung der Hand, und schienen über unsern Besuch eine Freude zu bezeugen. Sie werden in Lehenhäuer und Herrenhäuer abgetheilet: die erstern machen unter sich Boisen, das ist, Gesellschaften, und jede derselben empfängt eine Zeche, oder bauwürdige Grube zu Lehen: sie haben ausser ihres Verdinggeldes, und eines Beytrags, wo arme Gruben sind, keine Löhnung, sondern allein, was die Erztlösung austrägt; da dann bey der monatlichen Theilung das durch ihren Fleiß, oder durch Glück gewonnene Erzt, nachdem es in Gegenwart des Fröners umgeschlagen, und ausgezogen worden, nach seinem innerlichen Gehalte denselben mit Gelde abgelöset wird. Wo höfliches, und mildes Gebirge mit wohl fündigen, ganghaften, und fährtigen Klüften ist, oder wo das Erzt für sich selbst einen guten Grat, leichte Gefährte, und reiche Striffeln hat, können die Lehenhäuer wohl damit bestehen, weil dort die Arbeit nicht so schwer ist, oder doch wohl vergolten wird.

Hingegen sind in andern, und zwar den meisten Gebirgen die Striffeln, oder Gänge schmal, und kurzklüftig: lassen sich leicht abstossen, oder vertrümmern sich selbst; jezuweilen liegen sie noch dazu in einem sehr festen Gesteine, daß sie nicht ohne grosse Mühe aus den Gängen heraus geschrämmet werden können: da ist dann die Arbeit ungemein sauer, und vermögen die guten Leute sich kaum das Brod zu verdienen. Damit sie aber gleichwohl die Nahrungsmittel sich besser verschaffen können, wird ihnen von dem sogenannten Pfennwerthsamte, Getraid, und Schmalz nach Nothdurft abgereichet, und an ihrer Löhnung für bares Geld, jedoch in einem geringern Preise angeschlagen: jeder Bergknappe krieget seinen Theil, ohne daß er sich weigern, weder denselben andern verkaufen darf; wie denn der Kauf davon auch verboten ist. Diese Vorsehung ist sehr löblich, und bepnebst nothwendig: Weib und Kinder geniessen es zu Hause mit, welchen

chen sonst von des Bergmannes Verdienste nicht viel Trost zukommen würde. Ist ein Durchschlag von einer Grube zur andern zu machen, so hülft man sich in den schwazerischen Bergwerken mit Bohren, und Sprengen; doch an einigen Oertern, wo die Gänzen etwas geschmeidiger sind, bedarf es nur eine Ritze, oder eingehauenen Kunst, wodurch das feste Gesteine mit eisenen Keilen auseinander getrieben wird.

Nachdem wir uns schon einmal vorgenommen hatten, alles zu beschauen, war keine Beschwerlichkeit mehr so groß, die uns davon abhalten könnte. Dieser Trieb zog uns so gar in die Gesenke, wo man unter sich bauet, um den stehenden Gängen nachzusezen. Wir mußten uns auf das Leder sezen, um dahin zu kommen; wollten wir hingegen auch die Gugeln sehen, wo firstenweise, oder aufgelehnet, das ist, über sich gebauet wird, war kein anders Mittel, als zwischen den Geblrgwänden auf kreuzweise geschlagenen Sperrschinken (ist eine Gattung hölzerner Riegeln) hinan zu steigen, und gleichsam zu klettern.

Sie wissen, mein Herr, daß ich nicht von der Zahl der jenigen Philosophen bin, die da mit einer gezwungenen Großmuth scheinen wollen, als ob sie Gold und Silber verachteten: es brauchet aber auch keinen philosophischen Stolz, um bey dieser Gelegenheit eine zufällige moralische Betrachtung zu machen; es seye hernach über die unermüdete Begierde, womit die Menschen nach Gold, und Silber trachten, oder über die Leichtsinnigkeit derjenigen, welche so verschwenderisch damit umgehn, da es doch aus dem innersten Erdschoose, und nicht anderst als mit äusserster Mühe und Gefahr gewonnen werden muß: (*) wie es denn oft geschieht, daß die Bergknappen, wann ein Bau oder Gebirge auf einmal eingeht, oder bey der Sprengung der Felsen mit Schießpulver, gequetschet, oder getödtet werden; andere aber durch das böse Bergwetter, oder, wann sie um ihr Licht,

und

(*) . . . *Quam bene lividum*
  Natura tristi difficilis situ
  Damnavit argentum, & remoti
  Occuluit prope limen orci!
  Frustra: Cupido percita sævius
  Contaminatisi eximit unguibus: &c. Balde.

und Feuerzeuge gekommen, und folglich im Finstern irrgehen, oder durch andre Zufälle verunglücken. Man hat mir verschiedene Beyspiele solcher leidigen Begebenheiten erzehlt. Ich begnügete mich nicht mit dem blosen Zusehen, wie die Häuer die Erztgänge abstuften: ich begehrete, selbst die Hand anzulegen, und mit Schlägel und Eisen zu arbeiten. Ein Bergmann reichete mir seinen Werkzeug dazu, welcher in einem spitzigen Eisen, und einem eisernen Schlägel, das Pücherlein genannt, bestund: das Erstere setzet man an das Gebirge an, und treibt es mit dem andern hinein, bis daß der Gang stuckweise herausgeschrämmet wird. Ich machte es den Häuern nach, und gewann etliche Erztstufen heraus, welche ich sammt den übrigen, die ich ehemals in den schwazerischen Erztgruben abgestufet habe, in meiner tyrolischen Mineralsammlung zum Gedächtniße aufbehalte. Die Häuer bedienen sich im übrigen auch eines stärkeren Hauzeuges, wie da sind Keilhaue, Judenhammer, Pucher, Fäustel u. d. g. zur Arbeitung des rauchen, kalkichten Schiefergebirges, worinn die schwazerischen Erzte mehrentheils liegen, wiewohl man dieselbe auch im blosen Kalchsteine, selten aber im Quarze oder Spathe findet. Die Gänge sind nach der verschiedenen Beschaffenheit des Gebirgs, theils brüchig, gremsig, und schmülmig; theils ganz und derbe. Ihr Gehalt ist Silber und Kupfer: es giebt auch eisenschüßiges Erzt darunter, wie denn etwelche Eisenerztgruben in der Nähe sind. Die vielfärbigen schönen Stufen, womit einige schwaßerische Gruben, insonderheit jetzt die bey St. Nottburg, und bey den vierzehn Nothelfern, prangen, sind die Zierde der Bergkabineter: man findt sie, zumalen in alten Zechen, zur Genüge, wo kräftiges, das ist hohles oder klüftiges Gebirg ist, da das Kupferwasser sich recht ansetzen, und mit Hülfe der kalkichten Steinart, nach vorher gegangener Auflösung, allerley Bergarten mit abwechselnden schönsten Farben erzeugen, auch das vitriolische Bergsalz leicht anschießen, und eine Krystallisirung verursachen kann. Vor allem aber verdienet der Molachit, oder Malahitstein den Vorzug, welchen man in keinem andern Bergwerke so häufig, und von so verschiedentlicher Gattung, wie

hier,

hier, antrifft: es giebt grasgrüne, dunkelblaue, schwarze, zweyfärbige ꝛc. die lichtblauen können für Türkiße gehalten werden. Der Malahit steht insgemeine in einem weisen Spate, und wird aus einem mineralischen Bergsafte erzeuget, welcher leicht stocket, und von dem Kupferwasser seine schöne Farbe überkömmt. Der gemeine Mann eignet ihm eine sonderbare Kraft und Tugend zu: er heist ihn auch Schreckstein; vermuthlich, weil er bey denjenigen, die ihn bey sich tragen, wider den gähen Schrecken gut seyn soll.

Wir kehren wieder zu unsern Bergleuten in die Grube zurück: Die nicht Häuer sind, müssen das abgearbeitete Gebirge auf die Seite schaffen, das hältige von dem tauben absöndern, die grossen Kogeln (Steine) zerschlagen, eines nach dem andern zum Füllorte an dem Gapelschachte bringen; wo es sofort in der Tonne bis an die Stürze hinauf geförderet wird; dort müssen es die Trübenläufer, welche Junge von funfzehen bis vier und zwanzig und mehr Jahren sind, in ihre Trüben fassen, und damit zu Tage auslaufen: wo sodann, was von Gängen scheidmäßig ist, auf die

X 3   Schei-

Scheidebänke, das übrige auf den Pucher gebracht; der leere, oder wie sie ihn auch nennen, der letzte Berg aber auf die Halde gestürzet wird; wo ihn hernach arme Leute überkutten, oder durchsuchen mögen. Die vorgedachten Bergtruhen, anderswo auch Hund genannt, sind von Holz mit Eisen wohl beschlagen, bey drey Schuh lang, und fünfzig Pfund schwer: sie laufen auf vier Walzen, und haben am Boden einen eisernen Nagel, der Leitnagel genannt, welcher sich zwischen dem Gestänge der Sohle hinabsenket, und darinn mitten durchlauft, damit die Truhe nicht davon abweichen, oder umfallen könne: man hält sie von hinten bey ihrer Handhabe, und stößt sie also vor sich her. Auf diese Weise kann ein Junge auch ohne Licht eine Last von siebenzig bis hundert Pfund, leicht und sicher zu Tage auslaufen.

Das starke Getöne, welches das Rollen dieser Truhen beym Aus- und Einlaufen, in dem Berge machet, und auf viel hundert Schritt weit gehöret wird; nicht weniger das Brudeln eines unter den Füßen stets fortströmenden Wassers, welches man höret, und nicht siehet, indem es unter

dem

dem Hauptgestänge durch den Erbstollen seinen Ausfluß nimmt, schien bey meinem Gefährten anfänglich eine kleine Furcht zu erwecken. Ich erinnerte mich dabey von ungefähr, was ich bey einigen alten Naturkündigen, und Bergwerksbeschreibern von den sogenannten Bergmännlein, oder Berggeistern, und insonderheit von denjenigen, die in den tyrolischen Bergwerken wohnen sollen, bey dem Kircher Mund. subter. T. 2. L. 8. c. 4. wo er von den Thieren unter der Erde handelt, gelesen habe. Er hatte sich, ich weiß nicht, von wem, erzehlen lassen, wie die abergläubischen Bergknappen so gar was von Speisen (Muse, Küchen, oder Käse) für diese Bergmännlein, wenn sie bey ihrer Arbeit von denselben nicht wollen beunruhiget, oder gestöret werden, mit sich bringen, und in einen gewissen Ort hinsetzen; wo es so fort von jenen abgeholet werde. Man höre den Berggeist zuweilen mit Schlägel, und Eisen arbeiten; welches ein gar gutes Zeichen, und die Spur einer nahe stehenden reichen Kluft sey: hingegen stehe den Bergleuten ein grosses Unglück bevor, so oft der Berggeist sich zimmernd, das ist, in Holz arbeitend, hören lasse: und was dergleichen albere Mährlein der guten Alten mehr sind. Ich fragte darüber unsern Führer: er versicherte mich, daß man heute zu Tage von dergleichen Wunderdingen gar nichts wisse, und noch weniger glaube: der ehrliche Mann setzte lächlend hinzu: die Alten seyn zu gar leichtgläubig gewesen.

Wir nahmen dieses aufrichte Bekenntniß des Hutmanns, zum Troste unseres Unglaubens, als ein Zeugniß auf, daß bey gegenwärtiger, aufgeklärten Zeit, auch sogar einfältige Leute, wie die meisten Bergknappen sind, den Ungrund solcher Phantastereyen von Bergmännchen, Hexen, Teufelskünsten, Gespenstern, und dergleichen Abenteuerlichen Possen, zu erkennen anfangen: mithin diese Waar bald keinen Werth mehr, als etwa allein noch bey finstern Köpfen, oder solchen Leuten, die dabey einen Nutzen suchen, haben werde. Es ist ihnen, mein Herr, zum besten bekannt, was groß Verdienst Tyrol sich dadurch erworben habe, daß einige seiner Gelehrten die Ersten in Ober-Deutschland gewesen, welche zu unsern Zeiten das vermeynte Hexenreich in öffentlichen

Schrif-

Schriften bestritten, und zur Vertilgung einer Meynung, die eben so sehr der Vernunft widerspricht, als unserer heiligen Religion zur Unehr gereicht, den Anfang gemacht haben. Es waren gleichwohl schon zu Kirchers Zeiten Leute in Tyrol, die nichts davon wissen wollten, und von dem Getöse, welches sich zuweilen in dem Gebirge hat hören lassen, und vielleicht die Bergknappen erschrecket hat, ganz natürliche Ursachen anzugeben wußten. Hans Gerwick sagt in seiner Nachrichte von den tyrolischen Bergwerken bey dem vorgedachten P. Kircher L. 10. c. 5. es entstehe daher, daß jeweils in krackigen Gebirgen ganze Stücke sich losmachen, und ganze Wände von selbst eingehen, ohne daß man es sehen könne.

Es haben sich hingegen die schwazerischen Bergleute von dem schlimmen Bergwetter wohl zu hüten. Dieß ist eine von den Erzten aufsteigende schweflichte, und theils arsenikalische Ausdünstung, so die Grubenluft, wenn die äußere keinen Zug dahin hat, trübe machet, und so sehr verdicket, daß sie kein Licht brennen läßt, und den Bergknappen den Athem nimmt; sie auch wohl

gar erſticket, oder doch ſonſt verderbliche Bergſeu‐
chen verurſachet. Dieß böſe Wetter iſt gemeinig‐
lich in alten Zechen, welche ſeit langer Zeit nicht
mehr gebauet worden, oder in andern tief gelege‐
nen Gruben. In den ſchwatzeriſchen Bergwer‐
ken hat man, gleichwie in andern, eigene Wet‐
termaſchinen, welche mittelſt zweener groſſen Wet‐
terfäher, die von einem Waſſerrade getrieben wer‐
den, und mit Ventiln verſehen ſind, beſtändig
friſche Luft ſchöpfen, und dieſe durch eine hölzer‐
ne Röhre, oder Lutte in den Ort, wo böſes
dünſtiges Wetter iſt, mit Gewalt treiben. Wo
es ſich thun läßt, werden Durchſchläge gemacht;
ſo hülft auch das Schießen dafür, wenn man das
in der Grube umher geſtreute Schießpulver zugleich
angehn läßt. In dem unweit von Schwatz gele‐
genen Kupferbergwerke am Rörerbüchel iſt das
böſe Wetter viel gefährlicher: es werden darinn
die Schwefeldünſte zuweilen ſo dicke, daß ſie von
den Berglichtern ſogar, gleich einem Blitze, oder
Irrwiſche, ſich entzünden, die Leute zur Erde ſchla‐
gen, und ihnen die Haare, und Kleider beſengen.

Nach‐

an einen Freund.

Nachdem wir drey Stunden in dem Berge herumgefahren waren, nahmen wir unsern Weeg durch den Erbstollen zurück heraus. Glauben sie aber nicht, daß wir alle Gruben befahren haben. Wir mußten uns nur mit zween begnügen lassen, ob ihrer schon am Falkenstein mehr als dreyßig, jede mit ihrem besonderen Mundloche, gezehlt werden. Bey unserer Ausfahrt fanden wir das Mundloch verschlossen, und dabey eine Wache von zweenen mit hölzernen Hellebarten bewaffneten Knappen, die; etliche Knittelreime daher sprachen. Wir fertigten sie mit einem Trinkgelde ab, und giengen die Kramen und Taggebäude zu sehen: unter diesen sind die ersten die Scheidestuben: da trafen wir einige Bergleute und Gesellen an, welche ihre gewonnenen Erzte schieden, und säuberten. Dieses geschieht also: die Grubenkleinen werden auf die Scheidsteine gebracht, daselbst mit dem Scheideisen so lange, und viel zerstücket, und geschrotet, bis der Gang vom Berge, das Gute vom Tauben, sich scheiden läßt: das letztere wird als unnütz, auf die Halden gestürzet; jenes aber muß auf die Kläubertafeln kommen: da machen sich sofort die Jungen

gen darüber her, um den Bruch und Zagel zu durchkutten; das beſſere von dem geringern, und beydes vom Berge und noch übrigen Unrathe zu ſcheiden. Wir mußten ihren Fleiß bewundern, und daß Buben von zehen, oder zwölf Jahren ſchon geſchickt ſind, ein bergmänniſches Scheidewerk zu machen: man giebt einem dieſer Burſche des Tags nicht viel mehr, als einen Groſchen Löhnung, bis daß er mit zunehmenden Jahren in den Stand kömmt, ſich mehr zu verdienen. Ueberhaupt wird zu einem rechten Scheidwerke viel Fleiß erfordert: die Gruben- und Scheidkleinen müßen in Rebſieben, ſodann in Kernſieben öfters durchgelaßen, und im Waſſer vielmalen abgehoben, der Schlamm, und aller Unrath wohl abgetrieben werden, bis daß man den Rauſch, welcher das vollkommenſte geſäuberte iſt, gewinnet.

Die armen Erzte, und was ſonſt nicht ſcheidmäßig iſt, kommt auf den Pucher, wo es gepucht, ſodann gewaſchen, und auf den Schlich gezogen werden muß. Die Puchmaſchine iſt eine der leichteſten in ihrer Art: der Wellbaum wird durch das Waſſerrad getrieben, und hebet im Umlaufen

die

die Puchschießer, welche funfzig Pfund schwere Stämpfel, und mit Hebtatzen versehen sind, einen nach dem andern wechselsweise in die Höhe, und läßt sie wieder fallen: der gepuchete Erzt geräth hiernach gar unter die Hände der Weiber: diese zerreiben es im Wasser auf der Wäschhaupte mit Kisten, und Besen, die aus Tannenreisern gemachet sind: da denn der Schlamm durch das öftere Waschen davon geht; der Schlich aber auf dem Grunde sitzen bleibt. Endlich wird es getrocknet, und gleich dem übrigen Erzte, zu Wasser in die Schmelzhütte zu Brixleck, oder in jene zu Jenbach gebracht. Von diesen Hüttwerken werde ich vielleicht Gelegenheit haben, Ihnen, mein Herr, ein andersmal Nachricht zu geben.

Nur so viel kann ich hier nicht unbemerkt lassen, daß ich vor Jahren einmal einer Bergraitung (so heißt es zu Schwatz, wann vor der Aufnahm der monatlichen Bergrechnungen eine Grube von höhern und mindern Bergbeamten in abgetheilten Parteyen befahren, das Nothwendige sogleich an der Stelle angeordnet, und das übrige zu weiterer Verfügung vorgemerket wird) bepgewohnet habe.

habe. Als wir aus dem Berge zurück kamen, wartete auf uns ein zum Mittagmahle zubereiteter Tisch in einer Grubenhütte. Ich wurde dabey zu Gaste gebeten, und nahm die Einladung mit vielem Vergnügen an. Die Gesellschaft, ausser mir, war vollkommen bergmännisch. Man speiste an drey verschiedenen Tischen, an welche sich die anwesenden Ober- und Unterbergmeister, Einfahrer, Grubenschreiber, Hutleute u. s. f. jeder nach seinem Range setzeten. Doch wurde vorher von den erstern Bergbeamten einander Bericht erstattet, was sie bey der Befahrung des Berges in dem Beschaue der Gruben und Zechen wahrgenommen hatten: alles mit guter Ordnung: wobey in den Anreden verschiedene bergmännische Ehrensprüche angebracht wurden. Das Mittagessen hat meine Erwartung weit übertroffen: man vergaß auch dabey nicht, auf künftigen guten Bergseegen zu trinken, und die Bergleute waren gutes Muthes. Sie können sich aber, mein Herr, nicht vorstellen, wie sittsam auch der geringste aus ihnen sich dabey aufführte. Der Bergknappe ist bey der unter diesen Leuten allerorten eingeführten strengen Einrichrichtung, gleich den Soldaten, an die Mannszucht, Ordnung, Gehorsam, und Ehrfurcht gegen seine Obern gewöhnt; wie es denn auch bey einem meistentheils armen, und daher verwegenen Volke nothwendig ist: man sollte aber nicht glauben, daß unter den Bergleuten so viel Leutseeligkeit, und gefällige Art gegen Fremde zu finden wäre. Sie verehrten mir bey meinem Abschiede einige schöne Erztstufen, und Farbsteine, womit ich meine Sammlung tyrolischer Mineralien vermehret, und nebst dem zu Schwatz ein kleines Bergwerk gekauft habe. Sie stutzen darüber: ja Sie sollen es ohne Mühe sehen: es ist ein kleines von mineralischen Handsteinen artig zusammen gesetztes Kästgen, welches das Gebirge, und in kleinen sich rührenden Figuren auch die Bergleute, jeden bey seiner Arbeit vorstellet, und von der Hand eines hierinn geschickten Meisters, mit Namen Franz Oberholzer, ist.

Ich schließe für diesmal, und verharre, mein Herr, ihr ergebenster Freund.

Zusatz

aus dem zieglerischen Exemplar des schwatzerischen alten Bergbuches.

Die erste Grube am Falkenstein wurde im J. 1446. aufgeschlagen, und S. Martin, auch beym Arztberger, genannt. Die sogenannte alte Zeche außer Schwatz, wo jetzt die Kreuzkapelle darunter steht, hatte drey Gruben, bey den Herzogen, am Streit, und zum Vogelgesang. Sie scheinet älter, als das Bergwerk am Falkenstein zu seyn. Bey dem letztern sind im J. 1556. hundert vier und vierzig ganghafte Gruben gezehlet worden. Rettenberg, ein Gericht zwischen Hall und Schwatz, hatte damals über hundert Gruben, und Auffschläge, aber wenig Ausbeute. Johann Freyherr von Wolkenstein war dabey der vornehmste Gewerke. Der Hilpold im Wattenthal hat Gold, Silber, und Eisenerzt. Auf dem Colsaßerberge auch in derselben Gegend hat, man ehmals auf Gold und Silber gebauet. Im Walde hinter Volders war eine schöne Silbergrube; das Erzt aber wollte im Schmelzen nicht ausgeben. Die Bergwerke bey Kitzbühel, sagt das Bergbuch, hatten in Deutschland ihres Gleichen nicht. Sie lieferten im J. 1540 gegen 18000 Mark Silber in die Münze: für jede Mark wurden dem Landesfürsten dreyßig Kreuzer Wechsel, und für die Frone noch das achtzehnte Star gegeben. Es waren daselbst etliche hundert Gruben, und eine Zeche davon ist im J. 1550. durch Bruch eingegangen.

Von dem Schneeberg, einem bey Sterzingen sehr hoch gelegenen Bergwerke, ist noch anzumerken, daß ein ganzes Gebirge daselbst mit großen Kosten durchgehauen worden, wodurch Menschen und Saumrosse von einem Thale in das andere mitten durch den Berg gehen können.

Register

Der merkwürdigsten Sachen.

A.

Alaunbergwerke. 77. 184.
Albins. 176.
Albrecht Bischof zu Trient, ertheilet Bergfreyheiten. 41.
Albrecht Herzog zu Oesterreich machet eine Bergordnung für Steyermark. 217. 218.
Alte Geschichtschreiber zum Fabeln geneigt. 18.
Ambras, das Lustschloß, hat eine Mineralsammlung. 175.
Amiant. 186.
Aren, Bergwerk hat das beste Kupfer. 78. 177.
Arzenach 31.
Aufruhr unter den Bergknappen. 234. 252. 253. 256. 257.
Ausbeute, reiche, zu Ratenberg 87.
zu Schwaz 88.
Arums. 177.

B.

Bergabschiede, zu Trient 53.
zu Schwaz 220. 226. 235. 236.
Bergamt, oberstes in Tyrol, und in Vorder-Oesterreich. 136. 137.
Bergbau, Vortheil von demselben, 8. 99. 159. 160.
wird vernachläßiget. 72.
kommt empor. 73. 74.
wird gehindert. 173.
Bergbaulust, wie sie erwecket werden soll. 163. 165.
Bergbauart der Alten. 152.

Ber

Bergbrief von Schladming. - - - 214.
Bergbuch zu Schwatz. - - - 228. 229.
Bergentschiede. - - - - 227.
Bergfreyheiten verdächtige. - - - 233.
Berggewohnheiten - - - 214. 227.
Bergknappen, ihre Leibs- und Gemüthseigenschaften.
 - - - - - 240. 241. 247.
 ihre Kleidung. - - - - 246.
 geben gute Kriegsleute ab. - - 242. 243.
 werden von Spaniern bewundert. - - 243.
Bergleute geschickte in Tyrol. - - 248. 249.
Bergmännlein in Tyrol. - - - 7 L. 173.
Bergmaschinen den Alten unbekannt. - 116. 153.
Bergmeister, im Scharl. - - - - 65.
 Abraham Schnitzer. - - - - 234.
Bergrathschläge und Synodi. - - 225. 226.
Bergrechte, wie sie entstanden. 191. 197. 214. 218.
 zu Trient. - - 41. 198. 204. 214.
 zu Schwatz. - - - - 219. 230.
Bergrichter, zu Trient. - - - - 53.
 in Tyrol zur Zeit K. Maximilians I. - 109.
Bergsegen in Tyrol, ist aufs höchste gestiegen. 111.
 nimmt wieder ab. - - 112. 126. 137.
 dessen wahrscheinliche Ursachen. - - 138.
Bergsprache in Böheim ist deutschen Ursprungs. 196.
 - - - - - - 211.
Bergwerke, sollen gebauet werden, wenn sie auch eine
 geringe, oder gar keine Ausbeute geben - 5.
 sollen befördert werden - - - 157. 158.
 sind oft in wüsten Gegenden - - - 10.
 Die ältesten in Deutschland - - - 19
Bergwerke in Tyrol, sind sehr reich gewesen; ihr vorzügliches Alterthum - - - - 29.
 Trientische - - - - - 38.

Brix=

Brixnerische. — — — — 60.
   zu Persen — — — — — 67.
   ausgelaßene Alte. — — — 130. 131.
Bergwerksgesellschaft, große in Tyrol — — 122.
Bergwerksgeschichte in Deutschland vernachläßigt. 17.
   Ist in den österreichischen Ländern sehr ungewiß. 21.
Bergwerksordnung, vom Bischofe Friedrich zu Trient.
   — — — — — — 51. 200.
   ist die allerälteste. — — — 204.
   ihre Erläuterung — — — ebend.
   von Herzog Sigmund. — — — 174.
   von K. Maximilian I. — — — 225.
   von Fremden. — — — — 235.
Bergwerksordnung der Gewerken. — — 236.
   Wolkensteinische für Aren. — — eben.
Bergverträge mit Brixen. — — — 82. 122.
   Trient. — — — — — 123.
   Salzburg. — — — — 122. 132.
Bleybergwerke. — — — — 178. 179.
Böhmischer Bergwerke ungewisses Alterthum. 24. 25.
Brixen, wie es zu Tyrol gehöre. — — 28.
   erhält das Münzrecht. — — — 49.
   das Bergregal. — — — 50. 59. 60.
   kommt wegen der Bergwerke mit Tyrol in Streit.
   — — — — — — 80. 81.
   vergleicht sich deswegen. — — — 82.
Brixnerische Bergwerke. — — — 60.

C.

Calesberg bey Trient. — — — 39.
Capril. — — — — — 60. 181.
Carl der fünfte, wird zu Schwatz empfangen. — 254.
Casa Vena. — — — — — 31.
Cementwasser. — — — — — 176.
Claudia, die Erzherzoginn, eine Liebhaberinn der Naturgeschichte. — — — — 13.

St. Columba bey Civezzan. — — — 130.
Conrad Bischof zu Trient, erhält vom Kaiser die Berggerechtigkeit. — — — — — 44.
Conrad Bischof zu Brixen empfangt vom Kaiser Bergwerksverleihung. — — — 50. 59. 60.

D.

Denkmähler der Bergleute. — 102. 103. 104.
Deutschen die alten, achten Gold, und Silber nicht. 14.
   haben wenig Eisen. — — — 16.
Deutsche führen den Bergbau zu Trient ein — 40.
   und die Bergrechte. — — — 206.
   wie auch in Böhmen. — 208. 209. 210.
Deutsche Gemeinden in Italien. — — 207.
Deutschlandes älteste Bergwerke. — — 19. 20.

E.

Eckesheim, Leonhard, Bergrichter zu Schlaming machet neue Berggesetze. — — — 214.
Edelsteine in Tyrol. — — — 12; 13.
Eisenärzt, uralter Bergort in der Steyermark. — 22.
Eisenbergwerke sind überhaupt die ältesten — 15.
   die ältesten in Tyrol. — — — 30.
   zu Melles bey Colsas. — — — 68.
   die besten in Pillersee. — — — 108.
Eisenhämmer. — — — — 182.
Elisabeth v. Tyrol, K. Albrechts II. Wittwe, eine Liebhaberinn des Bergbaues. — — 215.
Eppan, Grafen von, haben eigene Bergwerke. — 46.
Engadin, hat Bergwerke — — — 66.
Erbstollen zu Schwatz, dessen erster Bau. — 103.
Erfindung der Bergwerke zu Schwatz. — — 74
   zu Ratenberg. — — — — 87.
   am Rörerbühel. — — — — 118.

Er-

Erlacher Lambrecht. . . . . . 77.
  Joh. Baptist, Oberster Berg- und Schmelzwerks
    Director. . . . . 136.
Ernst, Herzog in Bayern, ein Liebhaber des Bergbaues.
  . . . . 85.
Erzte in Tyrol, wie sie beschaffen seyn? 138. 139.
Erzte wachsen nicht. . . . 139. 140.
Etschkreuzer. . . . . 88. 91.
Eule zur, Bergwerk; desselben Alterthum 197. 210.

F.

Fabeln vom Ursprunge der Bergwerke . . 18.
  von den böhmischen Bergwerken. . . 24.
Falkenstein; Bergwerk. . . . . 74.
Fahlerzt. . . . . . . 174.
Farbenerde. . . . . . 185.
Faver. . . . . . . 31.
Firmian, Freyherrn von, Gewerken zu Schwatz 106.
Fornaß . . . . 30.
Feldbau, wie er in Tyrol bestellt sey. . . 4.
Ferdinand der Erste hat guten Bergsegen. . 111.
  machet einen Entschied. . . . 227.
  und eine Bergordnung. . . . 235.
Ferdinand der Zweyte, kömmt nach Schwatz 257.
Ferdinand der Erzherzog, Graf zu Tyrol, giebt einen
  Bergentschied. . . . . 227. 237.
Feigenstein, Bergwerk. . . . . 78.
Ferrara. . . . . . . 31.
Florentiner, suchen Gewinnst in Tyrol. . 69.
Franz, Kaiser, befährt das Bergwerk zu Schwatz 259.
Freyberg, Alterthum desselben Bergwerkes. . 197.
Friedrich der Erste, bestättigt dem Kloster Neustift das
  Bergwerk zu Vilanders. . . . 34.
  verleiht dem Hochstifte Trient das Bergwerksregal.
  . . . . 44.

und das Münzrecht. - - - 56.
Friedrich der Zweyte, verleiht dem Hochstifte Brixen die
    dortigen Bergwerke. - - - 60.
Friesach, altes Bergwerk in Kärnten. - - 21.
Fugger, erwerben großen Reichthum mit dem Bergbaue.
- - - - - - 95. 104.
Fügen. - - - - - - 181.
Füeger, reiche Gewerken zu Schwatz. - 105. 106.
    Hans Füeger der ältere. - - ebend.
Fursil. - - - - - - 34.

G.

Galmey. - - - - - - 185.
Gasteiger, Hans, Bergzimmermann. - 249.
Geisthal. - - - - - 178.
Geistliche bewerben sich um das Bergregal. - 47.
Gewerken, in Tyrol sind reich geworden. 6. 104. 106.
- - - - - - 107.
    werden vom Bauen mit dem Landesfürsten abge-
    schreckt. - - - - - 12.
Gewerken zu Trient. - - - 52. 206.
    im Scharl. - - - - 65.
    zu Schwatz, ehmalige. - 104. 105. 106.
    zu Kitzbühel. - - - - 128.
Geyer, Bergwerk bey Ratenberg. - - 127. 132.
Glaserzt, - - - - 174. 175.
Glaubensspaltung hat schädliche Folgen für den Bergbau.
- - - - - - 147.
Goldbergwerk, ältestes in Tyrol. - - 36.
    am Peil in Stuben. - - - 77.
    zu Zell im Zillerthal. - - 131. 172.
Goldsand, und Saifenwerk. - - 170. 171.
Gosensaß, Bergwerk. - - - 78.
Granatsteine. - - - - 186.

Greifenstein, Arnold Graf von, schenket das Bergwerk
zu Vilanders dem Kloster Neustift.   32.
Lebt um das Jahr 1140.   33.
Gsies im Pusterthal.   131.

H.

Hagecius, Wenzel, dichtet von den ältesten Bergwerken
in Böheim.   24.
Heinrich der Sechste, hält strenge über die kaiserl. Berg-
werksgerichtbarkeit.
Heinrich, König in Böheim, Graf zu Tyrol verpachtet
die Münze.   62.
verleihet Bergwerksrechte.   65.
Heinrich der Reiche, H. in Bayern, giebt Bergfreyhei-
ten.   85. 220.
Hettingen.   178.
Hoffnung zur Wiedererhebung der Bergwerke in Tyrol.
Holzmangel den Bergwerken schädlich.   141.
Hungersnoth 1491. unter den Bergleuten.   147.

J.

Iglau hat sehr alte Bergrechte.   194.
ihr Alterthum wird untersucht.   196.
Inspruck pranget mit metallenen Bildnissen.   114.
Jöchel, reiche Gewerken.   107.
Jufen, Erzgebirge.   85.

K.

Kennzeichen, wo edle Klüften seyn   154. 155.
Kaiserliches Bergregal.   34.
wird den Reichsständen verliehen.   35.
Kammerleute des Landesfürsten, wer sie seyn?   144.
Kitzbühel, kömmt an Tyrol.   84. 110.
hat gute Bergwerke.   85. 128.
sie nehmen sehr ab.   128

Klotsch,

Klotzsch, Joh. Friedr. neuester Berggeschichtschreiber in Sachsen. , , , , 23.
Läßt sich vom Hagecius verführen. , 23. 24.
Leitet den Bergbau in Meisen aus Böheim her. 209.
, , , , , , 210.
Kobalterzt. , , , , , 184.
Kreuzermünze. , , , , , , 91.
Krystalle. , , , , , , 187.
Kufstein, kömmt an Tyrol. , , , 84.
Kühberg bey Trient. , , , , 40.
 verfällt auf einmal. , , , 129.
Kupfererzt. , , , , , 176.
Kupfer in Tyrol ehmals in Ueberflüße. , 114. 128.

L.

Landeck, altes Bergwerk. , , , 69.
Landesfürst, ob, und wie er Bergwerke bauen soll. 161.
, , , , , , , 162.
Lasursteine. , , , , , 176. 185.
Lavatsch , , , , , 131. 185.
Leutner, Paul Michael, oberster Berg- und Schmelz-amtsfactor, erhebt den Schachtbau zu Schwaz wieder. , , , , , 134.
Leopold der Kaiser, wird zu Schwaz empfangen. 258.
Lascher, Wolfgang, Bergkunstmeister. , 117.
Lichtenstein, Freyherrn von, Gewerken zu Schwaz. 106.
Lori, Joh. Georg. bayerischer Bergwerksgeschichtschreiber. , , , , 84. 216.
 hält die Steyermark für einen Theil des alten Bayerlandes. , , , , , 221.
Ludwig von Brandenburg, Graf zu Tyrol, verleiht Bergwerke. , , , , , 69.
Ludwig der Reiche, H. in Bayern, giebt Bergfreyheiten. , , , , , 86. 221.
 machet eine Bergordnung. , , , 223.

Lünz.

Lünz. - - - - - - - 78.
Lutheraner zu Schwatz, und zu Hall. - 148. 149.

M.

Malahitsteine. - - - - - 186.
Martell. - - - - - - 184.
Matsch, die Vögte von, haben Bergwerke gehabt. 48.
Maximilian der Erste, bauet am Falkenstein mit. 103.
    vergleichet sich mit den Gewerken. - - 108.
    erhebt die Bergwerke in Tyrol. - - - 109.
    machet eine Bergordnung. - - - 225.
Meinhard der Zweyte, Graf zu Tyrol. - - 61.
    desselben Münzen. - - - - 62.
Meßinghütte, alte zu Naßareit. - - 132.
    neuere am Achenrain. - - - 185.
Melegnon, altes Bergwerk. - - - - - 58.
Metallene Bildniße zu Inspruck. - - - 114.
Migazzi haben Bergwerke in Valtelin getheilt. - 49.
Mittweyda, fabelhaftes Alterthum des dortigen Bergwerkes. - - - - - - 23.
Montafon. - - - - 78. 181.
Moraun. - - - - - - 177.
Münzfuß, Trientischer alter. - - - 56.
Münzen, tyrolische alte. - - 54. 91. 92. 124.
    Trientische - - - - 55. 56.
Münzgerechtigkeit, wird den Bischöfen zu Brixen verliehen. - - - - - 49.
    den Bischöfen zu Trient. - - - 55.
    den Grafen zu Tyrol. - - - - 64.
Münzherren münzen mit frembem Kauffsilber. - 63.
Münzmeister zu Hall, Bernh. Behem. - - 93.
Münzordnung, neue, in Tyrol vom H. Sigmund. 88.
Münzrecht, ob davon auf das Bergwerksrecht zu schließen sey? - - - - - 57. 62.
Münzstatt, zu Trient. - - - - 57.

kömmt in Verfall. = , , =	58.
zu Meran. , = ▪ = 62 64.	88.
im Vingstgau. , , , ,	64.
zu Hall. , = = = =	89.
zu Lünz in Pusterthal. = , =	109.

N.

Nalles. = = , = = ,	78.
Naturgeschichte von den Alten vernachläßigt. 16.	17.
wird den Trientern empfohlen. = ,	129.
Noricum, das alte, wegen seiner Eisenbergwerke berühmt.	15.

O.

Oberaufsicht über die Bergwerke wem sie gebühre.	167.
Orsana. = , = = ,	181.

P.

Palet. = = , = = = ,	130
Persen hat verschiedene Herrn. , =	66
kömmt für beständig an Trient. = 67	123
hat gute Bergwerke gehabt. , Ebenb.	68
dieselben sind gemeinschaftlich zwischen Tyrol und Trient. = , = = ,	123
sind aufläßig. = = , =	146
Pfalzgraf Ludwig, Herzog in Bayern, erhält vom Kaiser das Bergregal. = , =	36
Pfauenschweif. = = = = ,	176
Primör, Bergwerke. = = = , 78	130
kommen im Friedensschluß 1487 vor. ,	83
nehmen ab. , = = = ,	131
Pfunders. = = = = ,	173
Philipp, Röm. König, verleiht dem Bischof Conrad zu Brixen Berggerechtigkeit = =	50
Pilersee. = = , = ,	180
Prad. = = = = = ,	78

Pu=

Puchenstein, Bergwerk, veranlasset Krieg mit
Venedig. - - - - - 82

Q.

Queckſilbererzt. - - - - - - 180.

R.

Rabi. - - - - - - 130.
Ratenberg kömmt an Tyrol. - - 84.
   hat reiche Bergwerke. - - - 87.
Rechnungsart, alte in Tyrol. - - 54.
Rörerbüchel, Bergwerk, wird erfunden. - 119.
   iſt ſehr reich geweſen. - - - 120.
   hat 6. ſehr tiefe Schächte. - - 121.
Roſchman, Anton, machet eine Sammlung von Mineralien. - - - - - 178.
Rothgüldenerzt. - - - - 174.
Rum. - - - - - - 130.

S.

Schacht zu Schwatz, deſſen erſter Bau. - 108.
   iſt koſtbar zu bauen. - - - 116.
   wird aufgelaſſen, und hernach wiederfortgebauet. 117.
   dritter Bau. - - - 134.
Schätze, fabelhafte unter der Erde in Tyrol. 70.
Schlaming. - - - - - 214.
Schlanders. - - - - - 278.
Schwatz, gehörte denen von Freuntsperg, und wird landesfürſtlich. - - - - 76.
   nimmt ungemein zu. - - 99. 101.
   wie es von Gelehrten genannt worden. - 100.
   ſeine Bergwerke. - - - 112.
Schwefel. - - - - - 184.
Schwefelkies. - - - - - 183.
                              Schwenk-

Schwenkfelder zu Schwatz. - - - 149.
Schmelzherren zu Kitzbühel und in Kessen. - 122.
Silberbergwerk, das älteste in Tyrol. - 32.
Silbererzte. - - - - - 174.
Sill führt Goldsand. - - - - 171.
Spiesglas. - - - - - 183.
Stanzerthal. - - - - - 180.
Sterzingen. - - - - 78. 102.
Steyerischer Bergwerke Alterthum ungewiß. - 2 L
Steyermark hat niemalen zu Bayern gehört. - 222.
Stilves. - - - - - - 78.
Stöckel, Gewerken zu Schwatz. - - 107.
Stuben. - - - - - - 77.
Schneeberg bey Sterzingen - - - 179.

T.

Tannenberg, Ignatz Graf von, hat eine schöne Mine=
 ralsammlung - - - - - 179.
Tänzel, reiche Gewerken - - - 106.
Tassul - - - - - - 36.
Terlan, Bergwerk - - - - 78.
Thaler, werden zuerst in Tyrol geschlagen - 92.
Theuerung den Bergwerken hinderlich - - 143.
Tial - - - - - - 177.
Trient, wie es zu Tyrol gehöre - - 28.
 hat uralte Silberbergwerke - - 38.
 muß mit Tyrol wegen der Bergwerke einen Ver=
  gleich eingehn - - - - 79.
Trins - - - - - - 180.
Tyrol ist mit Metallen und Mineralien gesegnet 2.
 wird von Erdbeschreibern einem Königreiche gleich
  geschätzet - - - - - 7.
 wird mit einem Bauernküttel verglichen - 1 L
 hat Edelsteine - - - - 12. 13.
 Bezirk der alten Grafschaft Tyrol - 27.

Ty=

Tyrolische Bergwerke sind sehr reich, und berühmt
 gewesen , , , , , , 98.
Tyrol, die Grafen zu, hatten in den ältesten Zeiten eigene Bergwerke , , , , 46.
 und eigene Münzen , , , , 64.

U.

Valparola , , , , , 60. 181.
Valzia , , , , , , , 131.
Vignola , , , , , , 183.
Vilanders, uraltes Silberbergwerk , , 32.
Vitriolerzt , , , , , 173. 183.
Uembst, Bergwerk , , , , , 178.
Ungarisches Bergrecht, dessen Alter , , 212.
Volders , , , , , , 183.

W.

Wasserkunst im Schacht zu Schwatz, ihr Anfang 117.
 war ein Wunder ihrer Zeit , , , 118.
Wenzel, römischer König, bestättigt Trient das Berg-
 regal , , , , , , 45.
Weißgüldenerzt , , , , , 174.
Wetter, böses , , , , 238. 239.
Wiedertäufer zu Schwatz , , , , 143.

Z.

Zell im Zillerthal, Goldbergwerk , , 131.
 veranlaßt Irrungen mit Salzburg , 131.
Zeyring, des dortigen Bergwerkes Alterthum ist ungewiß , , , , , , 21.

Druckfehler,
die zu verbessern sind.

	Steht:	Lies.
S. 25. Z. 16.	Dalamils.	Dalemils.
S. 35. Z. 2. in der Anmerkung	1260.	1206.
S. 49. Z. 23.	worden	werden.
S. 78. Z. 15.	Feigenstein	Falkenstein.
S. 99. Z. 17.	Pius.	Laß dieß Wort weg.